浙大宁波理工学院一流学科建设成果

宁波市与中国社会科学院战略合作项目课题(NZKT201226)成果

U0648089

Intellectual Property Sharing and Protection
in Collaborative Innovation

协同创新中的知识产权共享与保护

董玉鹏　著

ZHEJIANG UNIVERSITY PRESS
浙江大学出版社

图书在版编目(CIP)数据

协同创新中的知识产权共享与保护/董玉鹏著. —
杭州:浙江大学出版社,2021.11
ISBN 978-7-308-21902-0

Ⅰ.①协… Ⅱ.①董… Ⅲ.①知识产权－研究－中国
Ⅳ.①D923.404

中国版本图书馆 CIP 数据核字(2021)第 220775 号

协同创新中的知识产权共享与保护

董玉鹏　著

责任编辑	石国华
责任校对	王同裕
封面设计	周　灵
出版发行	浙江大学出版社
	(杭州市天目山路 148 号　邮政编码 310007)
	(网址:http://www.zjupress.com)
排　　版	杭州星云光电图文制作有限公司
印　　刷	杭州杭新印务有限公司
开　　本	710mm×1000mm　1/16
印　　张	8.75
字　　数	160 千
版 印 次	2021 年 11 月第 1 版　2021 年 11 月第 1 次印刷
书　　号	ISBN 978-7-308-21902-0
定　　价	58.00 元

浙江大学出版社市场运营中心联系方式:0571－88925591;http://zjdxcbs.tmall.com

摘　要

创新驱动的基本出发点,在于依靠技术创新带来的效益实现经济社会可持续发展。创新驱动已经成为我国加快转变经济发展方式、推动科学发展、促进社会和谐的重要政策选择。协同创新是以知识增值为核心,以企业、高校、科研院所、政府等为参与主体的价值创造过程,其基本作用机理在于:创新主体间通过知识交流,固化产权并将其转化为资本,形成规模效应和范围效应。协同创新促进了企业、高等院校、科研院所等发挥各自的优势,整合互补性资源,加速技术推广应用和产业化,协作开展技术创新和科技成果产业化活动,是当今创新驱动发展的新范式。

知识产权作为一种重要的财产权,在协同创新过程中发挥着不可替代的作用。知识产权权利归属与共享是协同创新的基础,而知识产权的利益分配和保护机制建设则是决定协同创新是否可持续、规模是否能够扩大的根本动力。构建良好的知识产权权利归属、共享、权益分配和保护机制,凝聚产学研合作各方力量,激发其创新与合作的积极性,实现协同创新活动持续上行,对构建有中国特色的创新型国家具有重大的现实意义。同时,以知识产权权益共享、利益分配以及保护机制建设为主题研究协同创新战略,直接诠释了社会经济发展这一复杂系统内各子系统之间互动产生的协同效应,从而形成整个系统的联合行为,对于创新理论及协同理论完善和发展具有理论上的推进作用。

本书以知识管理理论为研究切入点,结合我国现行法律、法规和政府政策,在实证调研基础上,讨论实施协同创新战略过程中可能遇到的知识产权归属和利益分配风险及瓶颈问题,通过比较分析世界主要国家法律政策和实践操作,提出协同创新背景下完善各参与主体之间知识产权归属、利益分配及保护的立法和政策建议,同时为协同创新参与主体(尤其是企业)提供实用的细化操作范本。具体来讲,本书包括以下研究内容:

第一，协同创新战略与知识产权战略的关联度和契合度分析。为了搞清楚协同创新中的知识产权归属和利益分配问题，必须首先廓定理论范畴，界定各个概念之间的内涵与外延，确定其关联程度和整合的可行性，为后续关键问题研究提供明确指向。本书将不同社会主体的协同创新活动视为宏观的系统，同时将创新的运作形式具体化为产学研协同创新，在此概念范畴内进行知识产权的归属及权益分配讨论，由此为本书问题研究的顺利开展奠定理论基础。

第二，协同创新战略实施中遇到的知识产权风险及其原因分析。运用知识理论和埃茨科威兹三螺旋模型，从协同创新的知识本质入手，在问卷调查基础上，综合分析高校、企业等各个创新主体之间，以及创新主体内部存在的知识产权风险、原因与表征。

第三，法经济学视野下协同创新知识产权归属、利益分配及保护研究。采用法经济学的视角，比较分析美国、日本、欧盟等先进国家和地区在实施协同创新战略中所采取的知识产权政策及其经济学意义，进而以我国《民法典》《科学技术进步法》《促进科技成果转化法》《专利法》及其实施细则等法律法规为依据，系统梳理政府主管部门和创新主体之间，以及创新主体内部成员之间存在的知识产权问题。结合科技成果转化的五种形式，即投资、转让、许可、合作和入股，分析协同创新主体之间以及内部的知识产权权益配置现状及其存在的问题，并提出相应的建议。

第四，基于实证的完善协同创新过程中知识产权共享与保护的相关对策建议。本书在理论和实证研究的基础上，针对企业、高校科研院所等各类协同创新主体及其创新活动过程，提出完善协同创新知识产权归属、利益分配和保护方面具有可操作性的相关立法对策建议。

Abstract

Collaborative innovation is a process of value creation with knowledge value-added as the core and enterprises, universities, scientific research institutes and governments as the main body of innovation. Innovation driven development has become an important policy choice for China to accelerate the transformation of economic development mode, promote scientific development and promote social harmony. Collaborative innovation promotes industrial enterprises, colleges and universities, and scientific research institutes to play their respective advantages, integrate complementary resources, accelerate the popularization and application of technology and industrialization, and cooperate to carry out industrial technology innovation and industrialization of scientific and technological achievements, which is a new paradigm of scientific and technological innovation. The essence of collaborative innovation is to excavate knowledge, solidify property rights, and transform them into capital through the continuous circulation and interaction of knowledge activities among innovation subjects, so as to form scale effect and scope effect and create huge economic and social benefits for the society.

As an important property right, intellectual property plays an important role in the process of collaborative innovation. The ownership and sharing of intellectual property rights is the basis of collaborative innovation, and the benefit distribution and protection mechanism construction of intellectual property rights are the fundamental driving force to determine whether collaborative innovation is sustainable and whether the scale is expanded. It is of great practical significance to build an independent and innovative country with Chinese characteristics to build a good mechanism of ownership, sharing, rights and interests distribution and protection of intellectual property rights, condense the forces of all parties in the industry university research cooperation, stimulate their enthusiasm for innovation and cooperation, and realize the continuous upward movement of collaborative innovation activities. At the same time, the collaborative innovation strategy with the theme of intellectual property rights and interests sharing, benefit distribution and protection mechanism construction is studied, which directly interprets the synergy effect generated by the interaction among subsystems in the complex system of social and economic development, thus forming the joint behavior of the whole system, which has a theoretical promotion for the improvement and development of innovation theory and synergy theory.

In terms of research content, this book takes the knowledge management theory as the research breakthrough point, combines with the current laws, regulations and government policies of China, and on the basis of empirical research, discusses the risks and bottlenecks of intellectual property ownership and benefit distribution that may be encountered in the process of implementing collaborative innovation strategy. Through comparative analysis of the legal policies and practical operations of major countries in the world, this book puts forward the background of collaborative innovation At the same time, it provides practical detailed operation model for collaborative innovation participants (especially enterprises). Specifically, this book includes the following aspects of research content:

The first is the analysis of the correlation and fit degree between collaborative innovation strategy and intellectual property strategy. In order to study the ownership and benefit distribution of intellectual property rights in collaborative innovation strategy, we must first define the theoretical basis of the research, define the connotation of each concept, analyze its types and characteristics, determine the degree of correlation between each concept and the feasibility of integration, so as to provide a clear concept for the research of key issues. In this book, the collaborative innovation activities of different social subjects are regarded as a macro system, and the operation form of innovation is embodied as the collaborative innovation of industry, university and research institute. The ownership of intellectual property rights and the distribution of rights and interests are discussed within this concept category, thus laying a theoretical foundation for the smooth development of the project research.

The second is the analysis of intellectual property risk and its causes in the implementation of collaborative innovation strategy. Based on the knowledge theory, starting from the knowledge essence of collaborative innovation, and based on the questionnaire survey, using SPSS and other analysis software, this paper analyzes the intellectual property risk, causes and representation between and within the innovation subjects such as universities and enterprises.

The third is the research on the ownership, benefit distribution and protection of intellectual property rights arising from collaborative innovation from the perspective of law and economics. From the perspective of law and economics, this paper compares and analyzes the intellectual property policies adopted by the United States, Japan, the European Union and other advanced countries and regions in the implementation of collaborative innovation strategy and its economic significance. Then, based on China's "law of scientific and technological progress", "law of transformation of scientific and technological achievements", "patent law" and its implementation rules and regulations, and the contract law, it uses text mining technology, This paper sorts out the intellectual property problems between the national competent authorities and the innovation subjects, between the innovation subjects and the internal members of the innovation subjects. Based on the five forms of transformation of scientific and technological achievements, namely self investment transformation, transfer of scientific and technological achievements, technology licensing, cooperative transformation and technology shareholding, this paper analyzes the current situation and existing problems of intellectual property interests allocation among collaborative innovation subjects and among innovation subjects.

The fourth is to improve the intellectual property ownership, benefit distribution and protection countermeasures in the collaborative innovation strategy. This book focuses on questionnaire survey and case study. On the basis of the above theoretical and empirical research, the book proposes to improve the intellectual property ownership, benefit distribution and protection policy recommendations in China's collaborative innovation strategy, and formulates a series of operable policies and specific operation reference models for various collaborative innovation entities such as universities and enterprises.

目　录

第一章 导 论

一、集聚创新与固化权益:深入研究协同创新知识产权问题的意义

创新是引领发展的第一动力,是建设现代化经济体系的战略支撑。当前我国工业化进程已经走到了成熟完善的阶段,创新的模式需要进一步突破。协同创新(collaborative innovation),是以知识增值为目的,以企业、高校、科研院所和政府为创新活动的主体,开展的一系列价值创造活动的统称。党的十八大报告明确提出,坚持走中国特色自主创新道路,以全球视野谋划和推动创新,提高原始创新、集成创新和引进消化吸收再创新能力,更加注重协同创新。党的十九大报告接续其精神,将"新发展理念"置于国家发展的重中之重,核心就是加快建设创新型国家。在深化科技体制改革方面,就是要建立以企业为主体、以市场为导向、产学研深度融合的技术创新体系,加大对中小企业创新的支持力度,促进科技成果转化。协同创新是当今技术创新的新范式,有助于企业、高校、科研院所找准定位、整合资源,形成优势互补,协作开展技术创新和知识成果产业化活动。协同创新的本质,就是创新主体间通过知识活动的不断循环和互动,挖掘知识、固化产权,形成规模效应和系统效应,从而转化为能够创造价值的资本要素。

倡导创新最直接的可量化手段,就是采用法律政策手段加以引导和规制,既着力强化知识产权的创造和运用的前端环节,也注重知识产权的权利保障。知识产权与传统意义上财产权不同的是,除了具有可量化的特征外,其接续作用与联通功能非常强大。知识产权是标定技术水平、引导技术创新的参照物,作为权益配平的标尺,在协同创新中协调着各方利益。知识成果归属何方、如何共享使用,是协同创新组织稳固建立的基础要件;知识成果所

产生的利益如何分配、如若产生纠纷如何保护,则是协同创新关系存续以及规模扩大的根本保障。知识产权制度设计先天具有解决上述问题的特性。在知识产权法律制度基础之上,细化构建权利共享、权益平衡和保护机制,对于凝聚创新主体、实现协同且可持续发展的作用不言而喻,对于推进有中国特色的自主创新型国家建设当然也有重大现实意义。同时,知识产权所蕴含的利益分配规则能够比较直观地透析社会经济复杂巨系统内,各子系统及成员之间如何产生互动协同效果,知识产权制度能够对社会经济发展进行引导,产生联合创新效应。这无疑是完善和发展创新理论(innovation theory)以及协同理论(synergetics theory)极为有价值的切入点。

二、协同创新知识产权问题国内外研究综述

目前关于协同创新中的知识产权归属、利益分配和保护的学术成果有以下特点:第一,国内外研究已经普遍认同,知识产权归属、共享、利益分配以及保护已经成为影响协同创新战略实施的关键和热点问题之一。第二,国外学者研究的重点集中在平等主体之间的知识产权权益分配;而我国学者的有关研究主要围绕财政性资金资助科研成果所产生的知识产权收益分配和国有企事业单位,尤其是中央级事业单位(包括高校和科研院所)知识产权收益分配等角度进行,对于地方院校和科研院所、民营企业等其他协同创新主体知识产权利益分配等问题的研究尚不深入。第三,对于协同创新战略中知识产权权益归属、共享、分配及保护等方面的问题,目前国内外的研究均处于现状表述、分析和趋势预测阶段,缺乏实践上具有指导性的规范意见或指导性范本可直接帮助高校、企业等创新主体参与协同创新活动。具体分析如下:

在协同创新与知识产权的关系研究方面,协同创新与知识产权之间的关系非常密切。目前复杂的、"一站式"创新(one-stop innovation)产生的知识产权及相关成果,往往不是通过单一个体获得的,而是需要不同主体间交流互动,这种互动关系可以延伸至不同行业、不同区域乃至国际范围,故而协同创新对于知识产权创造具有明显的促进作用。[1]然而,更多的学者指出了协

---

[1] Dundon E. The Seeds of Innovation[J]. Seeds of Innovation-Business Book Summaries,2002,38(1).

作创新与知识产权归属及利益分配的矛盾与冲突。由于创新主体存在组织的宗旨、定位及文化差异,在协作进行创新活动的过程中产生知识产权归属纠纷是难以避免的。^①通过比较美国、日本和欧洲促进创新的法律和政策,笔者认为法律和公共政策的出发点是保护知识产权的垄断权益,但现实中的协同创新行为模式超出了传统的立法和政策宗旨,反而不利于潜在的知识产权权利人之间的合作。^② 有学者通过分析协同创新的机理和知识产权制度的目的,指出协同创新语境下知识产权制度设计所遇到的困境:知识产权具有专属性、排他性,而协同创新需要知识资源充分共享;知识产权的权利范围存在时间性和地域性限制,协同创新则强调各主体之间合作的跨地域性与跨时空性。^③ 为解决上述矛盾、调整失衡的知识产权利益调节机制,一方面可以提高投入较多知识产权企业的利益分配比例,另一方面可以借助政府的力量加以引导和矫正。

在协同创新过程中的知识产权风险及其影响因素研究方面,有学者认为协同创新各阶段,风险始终是存在的,其中知识产权方面的风险是首要风险,由此产生的多种冲突问题,例如知识产权归属不明、成果分享不均、存在短期机会主义等,使得各创新主体可能面临进退两难的境况。^④ 近年来,有学者陆续提出了有针对性的对策建议。协同创新的知识产权风险是一个不容忽视的问题,有必要建立虚拟创新平台,通过共同的规范和制度形成尊重知识产权的氛围和较高的惩罚成本,降低知识产权风险发生的可能性,保护创新主体的创新热情。^⑤ 有学者在调查问卷的基础上研究发现,合作进行创新过程中知识产权纠纷最易产生的风险点,在于合作方约定的法律条款是否完备,而合作组织是否能够灵活应对内外部不确定因素、合作是否有历史积淀、各方对于创新活动的参与度以及沟通交流是否频繁等,则是排在后面的影响

---

① Dierdonck R V, Debackere K, Rappa M A. An Assessment of Science Parks: Towards a Better Understanding of Their Role in the Diffusion of Technological Knowledge[J]. R & D Management, 2010, 21(2):109-124.

② Lee N. Exclusion and Coordination in Collaborative Innovation and Patent Law[J]. International Journal of Intellectual Property Management, 2009, 3(2):79-93.

③ 郭永辉,郭会梅. 设计链协同创新与知识产权的矛盾探析[J]. 科技进步与对策, 2011(5):26-29.

④ Cyert R M, Goodman P S. Creating Effective University-industry Alliances: An Organizational Learning Perspective[J]. Organizational Dynamics, 1997, 25(4):45-57.

⑤ 马仁钊,翟运开. 虚拟企业创新平台的运行模式研究[J]. 科技管理研究, 2007(12):39-41.

因素。① 解决协同创新活动中知识产权冲突最稳妥的做法,应该是兼顾各方利益,通过协商方式,从利益评估、分配、激励三个方面完善合作机制。②

协同创新战略中的知识产权归属,主要包括三个方面:国家和协同创新组织之间的知识产权归属,协同创新组织体内部合作各方的知识产权归属,以及协同创新参与主体自身与实际研发人员的知识产权权利归属。③ 我国现行法律制度逐渐开始重视合作研发各方当事人的意思自治,并着力构建利益平衡机制。④ 这一点,从我国《科技进步法》对利用财政性资金所产生科研成果的知识产权归属和实施的规定可以比较明显地看出来。《科技进步法》第二十条和第二十一条规定,除依法授权承担国家和社会重大利益的人员外,国家根据国家安全、国家利益和重大社会公共利益的需要,可以无偿实施项目承担者取得的知识产权,也可以允许他人有偿或者无偿实施知识产权。实施相关知识产权的利益分配,依照有关法律、行政法规的规定执行;法律、行政法规没有规定的,依照约定执行。向境外组织或者个人转让知识产权或者境外组织、个人独占使用知识产权的,应当经项目管理机构批准。⑤ 然而不可否认的是,在尊重当事人意思自治的基础上,该规定有进一步改进的空间。国外有学者对合作研发所产生知识成果的产权归属、使用和管理进行深入分析后发现,根据不同的合作研发类型,应事先签订详尽的委托研发协议、协作研发协议及联合研发协议等一系列合作协议,其中知识产权的归属是关键性条款。⑥ 这是解决知识产权归属极为有效的路径。

有关协同创新战略中知识产权利益分配问题,在协同创新活动实践中达成的共识是:利益是协同创新各方合作的直接纽带,如何合理地分配利益,是

① 董静,苟燕楠,吴晓薇.我国产学研合作创新中的知识产权障碍——基于企业视角的实证研究[J].科学学与科学技术管理,2008,29(7):20-25.

② 章进,赵美珍.产学研合作中知识产权的冲突及化解对策[J].常州大学学报(社会科学版),2008,9(4):21-24.

③ 李恒.产学研结合创新中的知识产权归属制度研究[J].中国科技论坛,2010(4):53-59.

④ 孟祥娟,石宾.论产学研联盟相关的知识产权问题[J].中国社会科学院研究生院学报,2007(2):104-109.

⑤ 朱雪忠,乔永忠,万小丽.基于维持时间的发明专利质量实证研究——以中国国家知识产权局1994年授权的发明专利为例[J].管理世界,2009(1):174-175.

⑥ Binns R, Driscoll B. Intellectual Property Issues in R&D Contracts[J]. Pharmaceutical Science & Technology Today,1998,1(3):95-99.

决定创新活动能否成功的关键环节。从职务发明者应分享收益角度,有学者在分析了我国现行各类法律法规政策规定之后,认为知识产权利益分配规定留有空白,导致协同创新主体之间在知识产权利益分配上存在矛盾和冲突。① 我国法律与部门规章配套不完善,以及科技成果转化收益的分配比例有待规范。② 前述提及,不仅仅是权属问题需要事先约定,解决知识产权权益分配的核心,同样也是需要参与协同创新的各方通过协议等形式详尽地确定各自的权利、义务和责任,尤其是对知识产权等合作成果的转化与应用,要有可操作性的规定。③ 要打造共赢的知识产权共享机制;企业应为协同创新建立内在动力机制;政府应在协同创新过程中起到引导和制定政策的作用。④

有关协同创新战略中知识产权保护研究,国外学者重视知识密集型行业的知识产权维权援助绩效,尤其强调面向中小企业开展便捷的知识产权服务,从合同法角度分析了知识产权权利人、服务提供者以及用户之间的关系,认为应简化程序、建立以企业为导向的知识产权维权援助新架构。⑤ 现代社会信息技术发展使得信息流动速度加快,如果不对创新成果进行顺应时势的强保护,则会降低发明创新行为人的利益预期,极大遏制其创新积极性,所以,对创新知识成果进行保障与维权确有必要。⑥ 从战略管理、资源要素分析、知识管理以及价值链重构的多理论视角出发,可以采用内部与外部双重保护相结合的综合保护机制,构建知识产权个体保护、集体保护、行政保护、司法保护等多种手段相结合的保护体系。⑦

---

① 赵莉,单晓光.产学研中知识产权利益分配问题研究[J].电子知识产权,2007(1):18-21.

② 邸晓燕,赵捷,张杰军.科技成果转让收益分享中的政策改进[J].科学学研究,2011(9):1318-1322.

③ 钟灿涛.面向协同创新的大学知识产权管理[J].科技进步与对策,2012(22):133-137.

④ 张武军,翟艳红.协同创新中的知识产权保护问题研究[J].科技进步与对策,2012(22):132-133.

⑤ Kurt A. New Information Dissemination Structures[J]. World Patent Information,1999,21(4):241-244.

⑥ 周寄中,张黎,汤超颖.知识产权与技术创新:联动与效应分析[J].研究与发展管理,2006(5):106-112.

⑦ 李培林.论企业技术创新与知识产权保护研究[J].科技管理研究,2010(6):194-196,223.

三、研究目标、研究内容与研究的突破点

(一)研究目标

面对信息化和全球经济一体化的国际竞争环境,期望能够利用法学、管理学、社会学等学科基础理论,分析协同创新组织在进行知识产权创造、运用、保护和管理过程中存在的风险及制约因素,深入考察不同类型主体(如政府、高校科研机构、企业、中介服务机构等)之间的互动关系,探索多元主体间合理的知识产权权益共享、分配及保护机制,进而提出协同创新知识产权归属和权益共享的思路对策,以及具有理论价值和实践意义的针对性建议。

(二)研究内容

本书拟以知识管理理论为研究切入点,结合我国现行法律、法规和政府政策,在实证调研基础上,讨论实施协同创新战略过程中可能遇到的知识产权归属和利益分配风险及瓶颈问题。通过比较分析世界范围内先进国家法律政策和实务典型案例,提出协同创新背景下完善各参与主体之间知识产权归属、利益分配及保护的立法与政策建议,同时为协同创新参与主体(尤其是企业)提供细化操作要点。具体来讲,本书主要包括以下几方面内容:

系统论背景下协同创新与知识产权关联度以及契合度分析。为了研究协同创新战略中知识产权归属和利益分配问题,本书将各种不同类型主体的协同创新活动置于宏观的经济社会发展巨系统之中,同时将创新的运作形式具体化为社会多元化主体协同创新,在此概念范畴内进行知识产权的归属及权益分配讨论。

法经济学视野下协同创新所产生的知识产权归属、利益分配及保护问题。采用法经济学的视角,比较分析美国、日本、欧盟等先进国家和地区在实施协同创新战略中所采取的知识产权政策及其经济学意义。进而以我国《民法典》《科技进步法》《科技成果转化法》《专利法》及其《实施细则》《合同法》等法律法规为政策依据,运用文本挖掘技术,归纳总结协同创新主体之间存在的知识产权问题。结合科技成果转化的五种形式,将自行投资转化、转让科技成果、技术许可、合作转化和技术入股作为重点研究对象,分析协同创新主

体之间以及创新主体内部之间的知识产权利益配置现状与存在的问题。

基于实证的完善协同创新知识产权归属、利益分配和保护对策建议。本书在前述理论和实证研究基础上,提出了完善我国协同创新战略中的知识产权归属、利益分配和保护对策建议。

(三)突破的重点难点

科学合理的法律政策体系对于推进协同创新具有决定性作用。在比较分析世界知识产权发达国家先进法律政策和实践操作的基础上,完成系统的协同创新知识产权权益归属、分配和保护制度范本体系,指导各类型创新主体向协同创新合作模式迈进,并解决在协同过程中可能会遇到的利益纠纷。为探索解决这一关键问题,本书具体展开以下研究内容:各创新主体实施协同创新战略的利益需求;各创新主体内部开展协同创新的动机分析;高校、研发机构以及企业在协同创新过程中实施的知识产权权益分配协议、文件等的特点及存在的问题。

本书在广泛搜集文献资料的基础上,系统梳理现有成果,为协同创新知识产权权益归属、分配和保障机制研究奠定基础。在前期文献调研、分析的基础上,设计访谈提纲和调查问卷,就研究的重点和难点问题了解实际情况,并征询专家意见,修改问卷。同时,采用函询的方式进行问卷调查,并以电话访谈作为补充。对不同途径获得的资料进行补充印证,最大限度保证调研的有效性和结果的可靠性。对各种渠道获得的资料数据进行综合分析,利用定性与定量相结合的方法,验证协同创新主体、客体诸要素之间的关联程度,构建协同创新知识产权权益归属和分配机制理论模型。

本书注重研究方法的前瞻性、系统性和科学性,密切把握国内外协同创新理论研究和实践发展新动向、新特点,系统地分析和解决问题。针对所研究问题中的协同创新知识产权政策,拟采用归纳研究和比较研究的方法,在系统地归纳整理与比较分析国内外协同创新制度的基础上,提出符合我国实际需要的知识产权归属、利益分配和保护机制的分析框架、理论模型和假设体系。汇集协同创新典型案例,通过其验证本书所提出的知识产权权益归属、分配和保护机制建设的若干假设与理论模型,利用典型案例研究获得的信息弥补纯理论建模推导和以往协同创新过程中有关知识产权数据信息来源缺乏的局限性。

第二章　协同创新知识产权治理模式与管理体系

第一节　基于协同创新的知识产权治理模式

一、协同创新知识产权治理模式概述

协同创新是合作创新的高阶形态,在经历了独立创新到集成创新、合作创新、开放创新、协作创新等多主体创新形式的演化之后,具有了自己的特征。协同创新与传统意义上的产学研合作不完全相同,它是一种升级了的、更加复杂化的创新组织形式。除了主体构成上的复杂化以外,更为重要的是强调战略、行动、沟通交流的界面与节奏同步。更进一步来讲,协同创新的理想状态,就是形成以企业、高校、研究机构作为核心要素,以政府主管部门、金融机构、中介服务机构等组织为辅助要素的、多主体协同互动的"联合创新网络"。[①] 继而,发展成为协同化的"创新社区"。在此基础之上,以市场为导向,进行不同于以往形式和规模的突破性创新。

协同创新不可避免要遇到知识溢出(knowledge spillover)问题,即知识在交流、使用和传播过程中,其他使用者在客观上也获得一部分知识资源。在多主体的集群创新活动中,因研发或知识创造活动产生知识溢出能够促使

---

① 陈劲.协同创新[M].杭州:浙江大学出版社,2012:12-13.

参与主体之间相互学习,进而促进协同组织整体的知识创新发展。①

　　但是,协同创新的结果会大大降低企业的模仿成本,知识溢出产生的过度模仿和恶性竞争等负面效应也就随之出现。在我国中小企业所占比例高(98％以上)、产业同构化严重的市场环境下,为避免上述负面影响,协同创新组织成员往往会出于保护自己知识资产的目的采取相应的限制措施,这就很可能与协同创新模式中知识资源共享交流的意愿发生冲突。② 知识产权的保护周全与否、知识资源的垄断与共享之间的博弈与平衡,直接影响到了协同创新联盟的动力以及创新联盟的稳固。因为,各个组织基于同构交换关系和一致(或互补)诉求而铰接在一起,这种连接关系的持续存在很大程度上是由各组织对于未来收益预期所决定的。③ 可以断言,协同创新组织知识产权共享与协调机制建设,已经成为我国实现产业升级和可持续发展的题中应有之义。

　　知识溢出对协同创新的负面效应与协同创新组织内部结构有着直接的关系,假如在创新联盟组织内部存在大量规模相近的竞争者,那么在知识溢出的情况下,技术创新产生的外部经济性会增加,如此就抑制了市场主体的创新动机。④ 所以,对于协同创新组织中既有的背景知识产权与协同过程中新产生的知识产权权益如何进行统筹协调,以及如何在协同创新组织中构建科学知识产权管理体系,是协同创新组织形式发展到一定阶段不得不考虑的问题。

二、外部治理:政府政策引导与协同创新知识产权的可持续发展

　　各级政府主管部门是国家公权力机构的重要组成部分,也是协同创新组织、技术联盟组建与发展过程中不可忽视的、导向性极强的参与主体。融洽

---

① Freeman C. Networks of innovators:A Synthesis of Research Issues[J]. North-Holland,1991,20(5).

② 单莹洁.供应链节点企业合作创新的囚徒困境分析[J].技术经济与管理研究,2009(5):12.

③ Williams T. Cooperation by Design:Structure and Cooperation in Inter-organizational Networks[J]. Journal of Business Research,2005,58(2):223-231.

④ Henderson D. Building Interactive Learning Networks:Lessons From the Welsh Medical Technology Forum[J]. Regional Studies,1998,32(8):783-787.

的政企关系,可以显著提高同区域内上下游产业链组成企业以及同领域平行竞争企业的合作水平,原因在于政府有权规划设计产业集聚区的建设和布局,为协同创新主体创造较好的基础设施条件,而且还能对其所需资源进行调度、配置。[①] 在不同的协同创新模式中,发挥主导作用的政府机构及部门也不尽相同:在面向科学前沿、社会发展的基础研究课题上,科技部等主管机关应该发挥主导组织作用;在与产业发展有重大关联的问题上,相关的行业、产业主管机关要承担相应的决策引导义务;在为了区域整体发展而开展的协同创新活动中,地方政府作为最大的受益者,应当进行合理的宏观经济发展规划,并制定配套的政策措施。[②]

协同创新从本质上来讲是知识的协同,包含了创新各参与方将所拥有的显性知识与隐性知识相互吸收、转移、集成,继而再创造的过程。然而这一过程并非一帆风顺,多主体参与的组织形式客观上削弱了单个主体对创新的掌控,从而提高了知识交易成本。[③] 政府知识产权主管机构通过外部政策治理协同创新中的知识产权归属、权益共享与保护等问题,可以间接调动协同创新组织内部的能动因素。具体来讲:一方面,政府具有较强号召力和影响力以及雄厚的资金和经费支持,信用度高且风险相对较低,企业、高校、科研机构等主体乐于参与这种政府组织的协同创新活动,从而在短时间内形成创新集聚组织;政府可以通过为协同创新组织等提供多种政策上的优惠和便利,进一步激发与协调协同创新知识产权产出的积极性。另一方面,政府所拥有的行政权力与民事权利相比,执行力较高,可以相对比较快速地解决协同创新中产生的知识产权纠纷,并且可以高效地协调协同创新组织中各个参与主体的知识产权利益关系,另外还可以对知识产权运用过程进行监督管理。

然而,需要注意政府外部治理不足的短板。知识产权政策必须与一般社会条件相匹配才能发挥应有的作用,也就是说,知识产权政策不能脱离有效运行的经济、科技、教育、文化等物质基础,不能脱离相对稳定的社会环境。另外,还要有相对完整的创新导向的社会科技政策体系与之相融合。这些都是影响知识成果产出、流转和运用的基本条件。如果上述条件得不到满足,

① 陈强,王艳艳.KIBS创新集群发展的动力机制研究[J].科技管理研究,2011(19):1-4.

② 董健康,韩雁,梁志星.协同创新系统中各类主体的角色及定位[J].中国高校科技,2013(6):52-54.

③ 贾明江.集群企业创新动机分析[J].哈尔滨工业大学学报,2005(8):1080-1082.

知识产权政策就有可能无法达到预期效果,甚至会产生负面影响。① 这是不适应知识演进、技术自身发展规律及市场要求的。政府如何运用政策促进产学研合作已经不是一个新问题,但是前文提到,协同创新作为"产、学、研、政、用、金"等多元化主体参与的活动,有别于传统意义上的产学研合作,现在我国正在进行的大飞机、高速铁路等民用交通运输项目就是典型的协同创新,其项目的复杂程度、组织协调的多层化以及其中对知识成果的利益博弈,使得政府管理部门只能在宏观层面进行战略规划导向,而知识信息的流动、交换与共享等则需要充分自由的空间才能得以有效进行。如果政府政策措施过多地对协同创新组织进行技术细节上的指导,有可能导致创新过程变得缓慢和僵化。

三、内部治理:协同创新知识产权发展的根本驱动力

有效提升创新动力的关键在于设计科学的创新治理机制。治理所涵盖的内容相当广泛,既包括了政府主管部门行政性的社会管理与公共服务,也包括了创新主体的内部治理和社团集群性的治理活动。企业、高校、科研机构等不同性质的创新参与主体在长期的协同互动过程中,会逐渐趋近于最优的合作规模和项目规模。前文虽然提到了政府在协同创新中的作用,但是市场公平竞争的基本原则决定了政府不能作为具体创新事务的直接管理者干预正常的市场竞争,政府的角色定位应该是为协同创新组织中相关参与者的创新行为加以支持、引导和保障。当然,政府不能仅仅停留在制定政策措施、提供创新条件设施这一层面上,还要发挥宏观战略决策者、中观政策引导者以及微观行为协调者的作用,及时发现并排除协同创新组织发展过程中遇到的阻碍,从而形成不同于传统产学研合作模式的新型创新网络。政府可以以扶植集群成长为目的,招商引资、宣传集群品牌、完善中介体系建设,还可以为高校和科研机构提供合作控股公司承担风险投资,以及成立具有政府背景的公共实验室及创新资金等。②

随着经济全球化的发展,为了开发有用的知识,政府、高校、科研机构和

---

① 吴汉东.中国知识产权蓝皮书 2005—2006[M].北京:北京大学出版社,2007:9.
② 王京,高长元.软件产业虚拟集群三螺旋创新机理及模式研究[J].自然辩证法研究,2013(5):68-75.

企业之间合作的复杂性也随之增加。合理利用外部知识资源,特别是专业机构、客户和供应商,可以使原始创新者的知识价值成倍增长。然而,在这一过程中,合作网络关系下也存在一定风险。知识按照可编码化程度,可以分为显性知识和隐性知识。显性知识以外在化的文本、数据和程序等形式存在,一般有统一的外在标准,并且方便进行互换交流;而隐性知识是很难观察和公式化的,如行业经验、组织文化、商业秘密等,但是其作为知识溢出的基础性准备要件却往往很有价值,完全可以作为市场参与主体核心能力和竞争优势的关键资源。[①] 这就需要考量具有协同关系的创新参与者如何高效且合理地学习其他参与者的显性知识和隐性知识,从而有效提高协同创新的效率。[②] 这方面典型的例子,是浙江温州、金华等地民间组织的做法。其主要依靠区域内部社团自治,具体来说就是利用行业协会组织,制定行业内部规则,由地方协会与相关部门联手打击非法的知识产权仿冒,维护权利人的合法权益。

协同创新是"准市场"或者说"准科层"的组织形式,它整合了特定群体成员的自我意识、共同认知、社会关系以及共同认可的价值观等多重要素。协同创新组织中各主体具有独立性,这使其在进行技术创新活动时保持了先天的灵活性,克服了科层制结构调整中存在的失灵问题;而协同创新组织内部的相互联系有利于资源整合和优势互补,从而获得技术创新的规模经济,克服市场失灵问题。但是在肯定协同创新组织内部自治带来的"自由"的同时,也要看到协同创新组织知识产权内部治理存在的问题。例如,协同创新各方(尤其是对于企业来说)在有较高竞争性重叠的情况中,可能会因为知识溢出的负面效应而不愿意交流共享知识成果,再加上知识产权制度具有独占性、排他性特征与协同创新本身的知识共享、多元合作的特征存在一定的冲突,简单的内部约定难以规制长久、系统的协同创新行为,过于繁复的知识产权约定又会增加协同创新组织的合作成本、降低合作的成功率和知识成果的对接转化。有必要建立知识产权信息公示机制、上市审批和知识产权纠纷同步解决机制、知识产权挑战机制和激励机制。[③]

---

① 李翠娟.基于知识视角的企业合作创新[M].上海:上海三联书店,2007:136.

② Tracey P,Clark G L. Alliances,Networks and Competitive Strategy:Rethinking Clusters of Innovation[J]. Growth & Change,2010,34(1):1-16.

③ 张浩然.竞争视野下中国药品专利链接制度的继受与调适[J].知识产权,2019(4):50-70.

第二节　协同创新组织知识产权保障机制建设

一、完善协同创新组织知识产权章程

从本质上来讲,协同创新是管理体制方面的创新,其成功的关键在于达到组织形式最优化。[①] 开展协同创新活动的主体往往是相对松散的联盟组织,由于不同类型主体的参与程度不同,呈现出层次化的特点。目前,在协同创新组织中,成员之间的协同关系建立于契约基础之上。这里所称的"契约",包括正式和非正式两种。前者是指协同创新组织成员之间订立的共同规则,以及相互达成的双方或多方协议等,正式的契约一般会明确协同创新组织成员间的权利义务和组织行为规范,能够对组织成员产生比较直接的约束力;后者又称为隐性关系契约,是指协同创新组织内部成员之间经过一定的互动、博弈,根据各自的付出与收益而形成的默契。[②] 非正式契约相对正式契约来讲,比较难以从法律上明确界定,但却是对正式契约的有益补充。科技部、财政部、教育部等六部委在 2008 年联合出台《关于推动产业技术创新战略联盟构建的指导意见》(国科发政〔2008〕770 号),提到组建产学研联盟都要通过契约约定知识产权的归属。但是,该《指导意见》对于协同创新组织的知识产权问题规定属于粗线条的,不可能对所有的知识产权权益归属进行固定,因为不同类型的协同创新组织对于知识产权的态度、立场以及实际需求还有很多不同的情况;而且,这种联盟之间的契约是有局限性的,政府作为财政支持,产学研联盟的运作要达到科技投入的目标,不完全是契约之治的范畴。所以,要对产学研协同创新组织的知识产权进行治理,完善协同创新知识产权规则体系,应实现由偶发性协议到持续性规则章程演变。如我国

[①] 于超,朱瑾.协同进化的实现:从知识共享、资源拼凑到社群新稳态——基于五大在线社群的经验分析[J].中国科技论坛,2018(7):124-135.

[②] 吴正刚.知识产权网络关系治理研究[J].科技进步与对策,2012(19):107-110.

《木竹产业技术创新战略联盟知识产权管理办法》，对知识产权的归属与激励措施、知识产权运用、知识产权的保护以及知识产权的管理进行了比较详细的规定，加入联盟的会员单位，如高校、科研院所、企业等，都必须遵守这一联盟内规则，这就不再是简单的单方或多方单位，而是上升到了类似于"宪章"的协同创新组织的章程。

二、通过"专利联盟"促成"知识产权社区"

建立专利联盟，是协同创新组织合作后期的一种相对较为成熟的方式。专利联盟也称专利池或专利联营，指两个或两个以上的专利权人之间通过协定，从而利用相互间或者向第三方授权他们的一个或多个有一定关联关系的专利。专利联盟可以消除知识产权壁垒，增强技术互补性，降低技术交易成本，减少知识产权纠纷。一般来说，专利联盟是开放的，其外部授权模式是"一站式授权"，即所有专利捆绑在一起进行外部授权。许可费标准是统一的，由此产生的收益分配的依据是各成员持有专利的数量比例。[①] 以DVD6C 联盟为例，其知识产权许可做法包括：一方面，专利联盟成员同意向联盟的专利管理公司授予专利许可权，第三方企业的权利范围仅限于在生产和销售某些 DVD 产品时使用其现在和将来所有必要的专利。另一方面，无论专利授权的第三方企业是否愿意生产、使用和销售符合本标准要求的DVD 产品，专利权人都必须在平等的基础上给予第三方企业非排他性使用其所需 DVD 专利的权利。[②] 专利联盟具体的知识产权政策，可以根据产业和成员的特征，经全体成员协商而确定，专利联盟成员应基于意思自治及诚实信用原则，最大限度将所有必要专利在联盟内部共享，以避免协作组织内部产生知识产权利益冲突与纠纷。美国 MPEG-LA 公司、意大利 SISVEL 公司、荷兰 TECHNICHCOLOR 等知识产权中介服务企业与荷兰飞利浦公司（Royal Philips）、德国佛郎霍夫学会（Startseite Fraunhofer-Gesellschaft）、美国国立卫生研究院（National Institutes of Health）等建立了一批基于技术标准的专利池和专利组合，使企业能够从多个拥有专利的机构获得许可协议，

---

① 毛金生.企业知识产权战略指南[M].北京：知识产权出版社，2010：98.
② 李翠娟.基于知识视角的企业合作创新[M].上海：上海三联书店，2007：220.

大大降低了交易成本和知识产权风险。①

在知识产权联盟形成初期,往往有一个或多个主导机构试探性地开放专利,目的大多是引导形成专利池。以 2009 年推出的"中国科学院知识产权网"为例,该网站收集了中国科学院各所属单位最新、最完整的知识产权和科技成果信息,为社会和企业提供统一、权威的中国科学院可以转化的产业化项目和知识产权成果信息,加快中国科学院科研成果和知识产权的信息发布,既方便企业了解自己的科研成果,也方便企业与中科院技术成果对接。另外,以国家半导体照明工程研发与产业联盟为例,该联盟成立于 2003 年,有 630 个成员单位。2011 年 8 月,该联盟以技术创新链为基础,在创新体制和机制的前提下,通过契约式手段、资源所有权与使用权相结合以及产业界联合参与的投入方式,集中与分布相结合的建设方式,组建了致力于攻克引领性技术和产业共性关键技术,缩小并赶超国际先进水平,提升我国半导体照明产业的国际竞争力的"半导体照明联合创新国家重点实验室"。该实验室以理事会领导下的主任负责制为组织保障,以产业为导向,以解决共性关键技术为主,逐渐引导企业参与基础性、前沿性技术研究的开放性、国际化的非营利研究。

三、重视标准化在协同创新知识产权治理方面的作用

将专利技术转化为标准,是应对知识溢出导致知识产权权益纷争的一种有效手段,也是解决协同创新知识产权问题的一个很好的思路。从某种意义上来讲,把专利纳入标准,是专利联盟扩大化的做法,对于联盟外的市场竞争参与者来讲准入的门槛更低、更便捷,而且可以将对联盟各方知识产权权益侵害的风险降至最低。② 协同创新组织在研发过程中,内部分工合作,创新协调度要好于单独进行项目研发,相关协同组织主体在参与制定标准时也更容易进行专利技术的披露。③

---

① 袁晓东,孟奇勋.开放式创新条件下的专利集中战略研究[J].科研管理,2010(5):157-163.

② 李伟,董玉鹏.协同创新知识产权管理机制建设研究——基于知识溢出的视角[J].技术经济与管理研究,2015(8):31-35.

③ 王金杰,郭树龙,张龙鹏.互联网对企业创新绩效的影响及其机制研究——基于开放式创新的解释[J].南开经济研究,2018(6):170-190.

以 TD-SCDMA 通信标准为例,中国移动和中国联通两家电信龙头企业在"国家高技术研究发展计划"(即 863 计划)框架下,牵头成立"中国第三代移动通信系统研发战略技术联盟"(C3G),参与主体包括北京大学等高校、信息产业部电信研究院等科研机构,以及大唐电信等多家企业,主要任务是开展新型移动通信系统的技术攻关和产业化,为制定中国第三代移动通信系统的体制标准提出建议。该"联盟"将技术标准作为切入点,引导产品开发方向,继而推动形成基于产品的专利集群,凭借"标准+专利"技术优势辐射整个行业,赢得市场空间。该"联盟"协助制订的 TD-SCDMA 方案,2006 年 1 月成为中国移动通信行业标准,入列国际第三代移动通信无线电传输技术标准,并促使设备制造商、运营商、研究机构等以此标准为路径,开展后续技术发展方向(TD-LTE)的研究与应用。电信标准涉及的知识产权在"联盟"运作过程中,最高领导机构"总体组"作为总协调部门,与其下属组织机构"知识产权企业联盟"及"知识产权转移控制小组"互相协调配合,同步进行知识产权管理,以推进通信标准制定为既定目标,实时监控并干预协调联盟内知识产权产出过程及相关权益归属和分配。

四、加强知识产权公共服务平台的外部支持

与协同创新有关的知识产权问题较为复杂,相关矛盾纠纷较以往专项或简单的技术创新合作组织中的争议更为烦琐,以我国现有的知识产权中介服务机构的工作协调能力及资源,较难满足实际需求。尤其是协同创新成员构成的多层化和多元化导致其组织形式更为复杂,除了外部纠纷,内部成员间的知识产权权益纠葛更难以应对。总体来看,在协同创新的背景下,面向复合型组织、服务于创新集群的知识产权保护平台尚未健全,服务功能还没有充分发挥出来。

创新协同组织内部的知识共享、知识传播和知识溢出,是促进产业生态链发展的重要驱动力。公权力机构运用立法和政府的政策措施协调协同创新中遇到的知识产权问题,在很多情况下,尤其是与国计民生相关的重大科技项目中,具有较强的导向作用。然而,各个协同创新组织也应加强自身内部知识产权权益保障机制的建设与完善,实现对其组织内知识产权的治理。

协同创新组建的技术联盟易于形成专利联盟,并且可以通过建立技术标准的形式将知识产权权益纷争的风险降至最低。[①] 为平衡"管制"僵化与"自治"无序两个极端后果的考虑,政府作为协同创新的宏观指导和参与者,可以创设新机制,通过强化建设知识产权公共服务平台等方式,聚合创新主体和知识资源;同时,还可以在协同创新组织的各个主体之间建立知识产权保护平衡规范,间接对协同创新组织内部的知识产权权益保障问题进行干预。[②] 由此形成的双向度知识产权治理机制以及多重知识产权权益保障制衡机制,是克制知识溢出负面影响、实现协同创新知识产权治理的理想架构。

由政府牵头组织,知识产权公共服务机构借助平台,与协同创新组织中的"产"(企业)"学"(高校)"研"(科研机构)"用"(用户)等主体建立起知识成果的共享、沟通与流动导向机制,还可以针对协同创新组织的实际知识需求,建立包括"数据采集子系统""信息分析子系统""信息发布和上报子系统"以及"预警与保护子系统"等组成的知识产权信息分析与管理系统。协同创新知识产权预警系统的建立不仅涉及企业内部的相关部门,还涉及政府主管部门及其他协作主体。这是一项需要广泛调动企业内部资源和社会资源,并对资源加以合理配置的专业性较强的工作,重点在于建立强有力的工作协调机制,统筹部署有关单位和部门的知识产权信息资源,避免知识溢出导致知识产权权益纠纷。通过知识产权公共服务平台,可以针对目前协同创新的各个主体在开展知识产权战略、知识产权管理、知识产权风险规避、科技创新活动等方面遇到的问题,通过一站式服务模式,聚合多方力量,全面、快速推动协同创新组织创新能力、竞争能力的提高,形成开放、多元化、自我完善的科技服务业态模式,为协同创新组织的知识产权权益提供外部保障。以北京市海淀区《关于支持知识产权和标准化服务业在中关村示范区集聚创新发展的办法》(中科园发〔2014〕16 号)为例,其第九条进行了比较接地气的引导性规定,即"发挥政府资金引导放大作用,设立集聚区知识产权和标准化服务业创新发展基金,对由集聚区内高端服务机构组织开展的公共服务平台及知识产

①　Mcgill J P, Santoro M D. Alliance Portfolios and Patent Output: The Case of Biotechnology Alliances[J]. IEEE Transactions on Engineering Management,2009,56(3):388-401.

②　李伟,董玉鹏.协同创新知识产权管理机制建设研究——基于知识溢出的视角[J].技术经济与管理研究,2015(8):31-35.

权运营等项目给予资金支持,促进知识产权和标准化服务业的模式创新和业态升级"。这可以看作是政府通过公共服务平台加强协同创新高技术产业集聚区知识产权工作的一个有益尝试。

第三节　基于协同创新的知识产权联盟建设

一、基于协同创新的知识产权联盟建设背景分析

高技术(high technology)产业是知识经济的支柱。[①] 高技术产业要实现可持续发展,不能单打独斗,必须采用开放合作、协同创新的模式。创新是从无到有的过程,推进创新活动需要集聚大量资源、输入和加工海量信息,而后经过系统整合,才能产出高质量的智力成果。然而,突破性的、可持续性的技术创新需要科学的引导机制、充分的激励机制以及良好的权益保障机制三者的共同作用,将技术创新主体的积极性有效地调动起来,实现知识成果规模化及持续涌现。

对智力创新成果进行知识产权确权,是一种直接的创新激励手段。[②] 知识产权法律的宗旨,是促进技术创新,引导技术发展方向,平衡权利人合法权益与社会公共利益,保护由持有知识产权产生的合法垄断地位不受恶意侵害。这一基本原则是在知识产权法律制度演进发展过程中,逐步积累起来的精华,是当今高技术产业得以生存和发展的基础和前提条件。国内外学者对高技术产业知识产权保护问题均极为关注,多以某个高技术产业(如信息技术产业、生物医药产业等)作为典型进行研究,认为应将专利等知识产权作为最优先或次优先考虑的竞争优势因素。[③]

---

① 罗玉中,易继明. 论我国高技术产业中的知识产权问题[J]. 中国法学,2000(5):74-85.

② 傅家骥. 技术创新学[M]. 北京:清华大学出版社,1998:346.

③ Simcoe T S, Graham S J H, Feldman M P. Competing on Standards? Entrepreneurship, Intellectual Property, and Platform Technologies[J]. Journal of Economics & Management Strategy,2010,18 (3):775-816.

高技术产业的发展离不开标准化支撑。协同创新是高级复杂性创新活动,新的技术思路和工艺从构思到实现,再到生产和推广应用,在具有高效率性和巨大的发展带动作用的同时,也具有高度的不确定性和高风险性。从"投入—产出"维度的技术创新与标准化协同耦合协调角度来看,技术创新与标准化协同对要素效率提升、需求扩大、产业关联和市场结构变动会产生正向驱动效应。① 技术标准战略与知识产权战略的整合对技术创新具有双刃剑效应。只有三大战略协调发展,才能实现良性循环,共同提高技术创新主体的核心竞争力。②

知识产权与标准的整合,在很大程度上是以企业联盟形式实现的。随着技术的不断发展,当单个企业难以单独支配核心技术时,通过合作交叉许可知识产权,形成企业联盟,可以达到经济效益最大化的效果。③ 这里所说的战略联盟,就是由两个或两个以上有着对等经营实力的企业或特定事业单位和职能部门,为达到共同拥有市场、共同使用资源等战略目标,通过契约而结成的优势相长、风险共担、要素双向或多向流动的松散型组织。战略联盟是自发的,合作的形式是交换技术及资源等。④ 协同创新知识产权联盟的建设与成长需要系统性的思维与分步行动。

二、基于协同创新的知识产权联盟的定位

根据协同理论,每一个与外界有足够物质和能量交换的开放系统,在其由无序向有序演化的过程中,都遵循着共同规律,在特定的条件下,由于组成上一级系统的大量子系统的协同作用,系统整体就在临界点发生了质的变化,从混乱状态向新的宏观有序状态发展,从而形成了一个新的系统。⑤ 社会经济发展和公共生活健康运行需要协同治理,政府、企业、民间团体、自然

---

① 陶忠元,王艳秀.技术创新与标准化协同对中国制造业竞争优势的驱动路径研究[J].南京财经大学学报,2019(5):11-22.

② 王黎萤,陈劲,杨幽红.技术标准战略、知识产权战略与技术创新协同发展关系研究[J].中国软科学,2004(12):24-27.

③ 韩晓东,王文兰,刘岩峰.生物医药产业专利技术融入标准现状分析与对策研究[J].标准科学,2011(2):32-35.

④ 彭纪生.中国技术协同创新论[M].北京:中国经济出版社,2000:69.

⑤ 孙中一.耗散结构论·协同论·突变论[M].北京:中国经济出版社,1989:47.

人等不同类型的主体构成了一个具有交互性的整体开放系统,借助于系统各要素或子系统之间的非线性协调和相互作用,调整系统有序可持续运行的战略背景和结构,使整个系统在保持高阶参数的基础上共同管理社会公共事务,最终实现社会公共事务的协调与合作,最大限度地维护和促进公共利益。[①] 组建基于协同创新的知识产权联盟的过程,就是一个协同治理的过程。合力推进特定产业领域的新技术研发和标准化工作,正成为企业之间进行市场合作的通常行为模式。企业技术联盟是一种特殊的生产和技术贸易形式,其以构建新的技术开发体系为目的,以营利为根本动机,具有极强的灵活性,强调技术开发资源共享与互补。在治理结构上,企业技术联盟一般具有相对成熟和完善的知识产权管理体系和运行机制,通过专门的组织体系进行技术标准的研发、测试和认证以及市场推广,形成了一个相对成熟和完善的知识产权管理运营价值链。[②] 基于协同创新的知识产权联盟的主要参与者是企业,辅之以多种类型组织,以知识产权为连接媒介,通过集群的形式实施技术创新和标准化工作。基于协同创新的知识产权联盟通常是在特定产业或跨产业技术领域形成的技术创新合作组织。这类联盟有很多,尤其是在电子信息产业领域,如 MPEG 组织,DVD 的 3C、6C 联盟,Blue-Ray 和 HD-DVD 联盟,以及我国的 TD-SCDMA 产业联盟、闪联等,都是这样的联盟组织。[③]

服务于知识产权与标准协同发展的联盟组织,应当是"标准＋知识产权"形式的纵向整合技术联盟,要以高技术产业(high technology industry)为切入点,聚焦于与生产或利用尖端的或复杂的设备、设施、方法等相关技术,典型者如电子信息、生物医药、航空航天等领域。要取得技术创新的成功,只能依靠激励、引导和良好的法律环境来调动技术创新主体的积极性,而知识产权制度是创新激励的直接手段。[④] 知识产权制度作为高技术产业有关法律

---

① 鲍红.知识产权与转变经济发展方式论坛论文集[M].北京:华夏出版社,2010:304.
② 李庆满.辽宁产业集群构建技术标准联盟问题研究[J].标准科学,2011(6):16-21.
③ 李明星.以市场为导向的专利与标准协同发展研究[J].科学学与科学技术管理,2009,30(10):43-47.
④ 傅家骥.技术创新学[M].北京:清华大学出版社,1998:346.

机制的基础和主要组成部分①,决定了高新技术产业集群的诞生时间和地点,高新技术产业集群中的企业往往把专利和其他知识产权作为竞争优势的首要或次要要素。② 高新技术产业的发展对传统知识产权法的理论和实践产生了强烈冲击,使知识产权的无形性更加突出,影响了知识产权的地域性特征。同时,传统的权利限制可能给高新技术时代的知识产权保护带来一些不利因素,例如传统知识产权法的合理使用规则,在互联网开放创新的时代、在更加迅捷的模仿复制技术的影响下,可能会极大地损害发明者、创造者的利益。③ 由此,发展高技术产业要求知识产权法的平衡机制进一步改进,必须充分保护知识产权权利人的创新成果,将引导发展高技术产业与保护发明者权利的法律环境协调起来。④ 协同创新的过程是从构思、发明、生产到新技术、新产品、新工艺的推广应用的过程,它是一种高层次的复杂创新活动,具有独创性、效率性和不确定性等特点,离不开知识产权与标准的共同作用。

科技部出台的《关于推动产业技术创新战略联盟构建与发展的实施办法(试行)》(国科发政〔2009〕648 号)明确,这类产业技术创新联盟是新型的技术创新合作组织,主要由企业、大学、科研机构或其他组织组成,根据企业发展需要和各方共同利益,优势互补、利益共享和风险共担。⑤ 随着经济全球化的深入发展,跨国公司运用技术优势改变竞争格局的手段越来越娴熟,标准联盟自然成为技术联盟的最高形式,加速了专利与标准的融合。⑥

---

① 李颖怡.我国高技术产业知识产权制度的法律机制[J].中山大学学报(社会科学版),2000(3):105-109.

② Graham S J H,Merges R P,Samuelson P,et al. High Technology Entrepreneurs and the Patent System:Results of the 2008 Berkeley Patent Survey[J]. Berkeley Technology Law Journal,2009,24(4):1255-1279.

③ 中山信弘,张玉瑞.多媒体与著作权[J].电子知识产权,1997(9):22-26.

④ 国际多媒体与信息高速公路知识产权制度专家会议(奥地利).行动议程[J].版权公报,1995(3).

⑤ 科技部.关于推动产业技术创新战略联盟构建与发展的实施办法(试行),国科发政〔2009〕648 号.

⑥ 徐元.全球化下专利与技术标准相结合的趋势与问题解决途径[J].产经评论,2010(6):109-118.

三、基于协同创新的知识产权联盟建设目标与重点任务

(一)协同创新的知识产权联盟建设目标

基于协同创新的知识产权联盟以实现大规模产业经济效益为目标。我国近年来颁布的促进技术创新战略联盟的部门规章和政策文件,主要是为了规范产业技术创新战略联盟的创新协调活动。[①] 2009 年,六部委发布的《国家技术创新工程总体实施方案》[②]明确指出,要引导产业技术创新战略联盟建设,推动产学研围绕产业技术创新链建立持续稳定的战略层面合作关系,开展联合研究,制定技术标准,共享知识产权,整合资源,搭建技术平台,共同培养人才,实现创新成果产业化,鼓励地方政府结合本地实际,建立技术创新战略联盟,支持地方经济发展为地方经济发展提供支持。鼓励行业协会发挥组织、协调、沟通、咨询服务等作用,推动行业联盟建设。这可以作为协同创新知识产权联盟建设的总体目标。

(二)协同创新的知识产权联盟建设的重点任务

协同创新能够促进知识流动的成果溢出,形成产业发展的聚集效应,这与系统化、高层次的知识产权战略联盟组织形式密不可分。联盟中的知识产权共享和许可规则可以采取自动许可和专利池的形式,朝着创新参与者多元化和创新行为过程规范化的方向发展;联盟应构建知识产权公共服务平台和增值服务平台,开展信息挖掘、特色定制、增值等活动。高新技术产业协同创新的成熟组织形式应是"强知识产权规约"之下的"创新社区",是一个集技术创新出口商、服务接受者和最终用户于一体的有机整体。[③] 所以,基于协同

---

① 我国有关促进技术创新战略联盟的部门规章和政策性文件主要有:《关于推动产业技术创新战略联盟构建的指导意见》《国家科技计划支持产业技术创新战略联盟暂行规定》《关于推动产业技术创新战略联盟构建与发展的实施办法(试行)》。此外,《国家技术创新工程总体实施方案》等也涉及产业技术创新战略联盟的构建等问题。

② 科学技术部,财政部,教育部,国务院国资委,中华全国总工会,国家开发银行.国家技术创新工程总体实施方案.国科发政〔2009〕269 号.

③ 董玉鹏.基于协同创新的高技术产业知识产权联盟组织与行为模式研究[J].人大法律评论,2018(2):260-274.

创新的知识产权联盟主要完成以下重点任务:

重点任务之一:开展区域科技发展战略与政策拓展。围绕创新型城市建设,积极开展区域科技发展战略与创新管理、知识创新、知识挖掘、知识产权激励机制等方面的政策落实与拓展活动,协助推进《国家知识产权战略纲要》实施,进行区域科技规划和技术创新战略环境分析、区域科技政策制定与绩效评价、区域科技创新促进政策比较等,为地方政府出台和调整知识产权政策提供决策咨询。

重点任务之二:推进创新成果知识产权化的技术研发。协同创新知识产权联盟应具有相当的能力与功能模块,有效挖掘分析知识产权情报,制定与推广知识产权信息服务标准,规划与预见技术专利路线图,从而有效参与全产业链的协同创新,将技术优势转化为权利优势。从知识产权信息入手,分析知识产权信息的组织、存储和加工标准,①协作推广以引证关系的专利知识聚类技术、知识产权信息知识地图技术、基于知识发现的企业技术竞争及专利预警分析技术等为代表的知识产权信息加工与服务关键技术应用。

重点任务之三:协助企业推进知识管理创新。以国家知识产权局《企业知识产权管理规范》等标准规范为抓手,协同开展知识产权质量提升工程。针对重点产业集群的创新态势和创新需求进行分析,构思有效的知识产权信息服务平台运行方式,帮助企业做到在知识产权申请方面质量与规模同时提升,在知识产权管理保护方面有预案、有人才,为我国产业创新发展和转型升级提供有力的智力支持和信息保障。

四、基于协同创新的知识产权联盟的治理思路

组建"标准＋知识产权"新型联盟,需要以市场为导向,组织和管理应遵循市场协调机制。知识产权联盟基本治理方式,一般是在某一特定重点产业领域(或某些具有交叉关联关系的关键产业领域)龙头企业的引领、带动和倡导下,整合核心技术,聚合企业与科研单位等多方力量,发起成立以知识产权为纽带的联盟组织。联盟的协调管理机构可以是由联盟成员组成的共同委

---

① 洪少枝,尤建新.高新技术企业知识产权战略评价研究:一个综述[J].价值工程,2011,30(16):1-3.

员会,也可以是委托专业的第三方机构进行管理。此种类型的联盟,来自政府的行政干预不再是决定性因素,基于市场的企业间协调成为主导治理方式。从联盟成员构成方面来看,在自愿加入的开放规则下,联盟成员的类型和数量变得丰富起来。[①] 同时治理结构也呈现出集约化的特征,即由联盟牵头单位成立联盟管理委员会,或委托专业的第三方机构,对联盟事务进行管理,包括对申请加入联盟的单位划分级别,并制定各层级管理制度。从联盟成员间关系看,每个成员更容易与其他成员开展互补性知识或能力的共享与学习,进行深层系的互动。[②]

"标准＋知识产权"能够形成相对封闭的技术权利空间,在对外授权许可方面,可能产生对非联盟组织市场竞争者的技术封闭或者价格高压态势,也可能限制非联盟成员对关键专利技术的使用。而且,主动利用知识产权结成联盟,也有可能触及反垄断的法律界限,这类案例在国外和我国都有出现过。美国联邦最高法院曾于 1902 年的 E. Bement & Sons v. National Harrow Co. 案中判决专利权的独占不属于反垄断法的控制范围。不受《谢尔曼法》(Sherman Act) 制约。[③] 但在 1912 年的 Standard Sanitary Manufacturing Co. v. United States 案[226 U. S. 20(1912)]中,美国联邦最高法院却明确指出联邦政府有权制止通过专利联盟共谋达成的垄断;在 1945 年的 Hartford-Empire Company v. United States 案[323 U. S. 386(1945)]中,最高法院还判决拆分了玻璃器皿行业的专利联盟,当时该联盟成员的销售额已经达到全美国玻璃制品销售额的 94%。[④] 近年来,我国也开始关注联盟行为导致的市场垄断现象,2015 年 2 月,国家发展和改革委员会裁决美国高通公司(Qualcomm Inc.)在中国构成滥用市场支配地位实施排除、限制竞争的垄断行为,责令整改并依法对高通公司处以其 2013 年度在中国市场销售额 8%的罚款,计人民币 60.88 亿元。这一罚款数额创下了中国对单个企业反垄断

---

① 李薇. 中国制度环境下的技术标准战略及其联盟机制[J]. 华东经济管理,2012,26(10):111-116.

② 王加莹. 专利布局和标准运营[M]. 北京:知识产权出版社,2014:247.

③ E. Bement & Sons v. National Harrow Co., 186 U. S. 70(1902).

④ Levang B J. Evaluating the Use of Patent Pools for Biotechnology: A Refutation to the USPTO White Paper Concerning Biotechnology Patent Pools[J]. Santa Clara High Technology Law Journal,2002 (19):237-238.

罚款的最高纪录。[①] 所以,讨论基于协同创新的知识产权联盟应有的治理模式是一个实务性很强的问题。

　未来企业之间的知识产权竞争模式逐渐趋于联盟化、区域化和集群化,单个企业难以适应这种联盟抱团式的竞争。[②] 联盟内部强大的跨部门知识交流和广泛的信息共享将有助于建立良好的学习关系。同时,这种建设性的合作关系也将导致更大程度的知识转移。[③] 联盟成员之间的文化差异增加了知识转移的难度。知识转移的有效实施需要引入科学的治理机制来解决成员之间的冲突,消除文化差异引起的冲突,保证组织的正常运行。[④]"标准＋知识产权联盟"应高度重视知识产权和标准化等各项法律问题,构建全面有效的协调机制,保障"标准＋知识产权联盟"稳步发展,将知识产权与标准化思维融入联盟建设的每一个环节。在基于协同创新的知识产权联盟构建和运行中,除了需要以知识产权和标准化战略为指导外,还需要在项目立项、研发、产权认定等创新成果产业化全过程中,有效规范知识产权管理。基于协同创新的知识产权联盟构建和运行应有利于促进创新要素聚集,同时有利于促进产业技术创新链的形成和重点产业和支柱产业的发展。[⑤] 联盟所取得的创新知识成果必然涉及知识产权归属、利益分配和知识产权保护管理。[⑥]

　科学运用知识产权是提高行业整体竞争力的迫切任务,而产业知识产权管理是实现行业自律、协调、服务、维权的重要支撑。[⑦] 行业协会和其他组织可以为关键技术的协同开发提供科学指导,通过邀请企业参与和合作开发,利用知识产权信息资源基础设施,在行业关键领域采用共同技术和前瞻性技

① 裴宏,赵建国.高通构成垄断被罚 60.88 亿元[N].中国知识产权报,2015-02-11(06).

② 周辉.基于专利联盟的企业专利战略研究[J].科技情报开发与经济,2012,22(9):85-87.

③ Kanter R. M. Utilizing Collaboration Theory to Evaluate Strategic Alliance[J]. Long Range Planning,1994(33):5-23.

④ Chong J C, Lee S H. A Knowledge-Based View of Cooperative Inter-Organizational Relationships [M]// Beamish P W, Killing J P. Cooperative Strategies: North American Perspectives. San Francisco: New Lexington Press,1997.

⑤ 冯晓青.产学研一体化技术创新体系的作用机制及其实现研究[J].福建论坛(人文社会科学版),2013(8):24-30.

⑥ 冯晓青.国家产业技术政策、技术创新体系与产业技术创新战略联盟——兼论知识产权战略的作用机制[J].当代经济管理,2011,33(8):19-26.

⑦ 陈武.行业协会在实施知识产权战略中的作用[J].电子知识产权,2006(5):35-37.

术;重点发展和应用行业核心技术和关键技术信息,建立专利、技术秘密专项数据库和竞争对手知识产权重大活动监测数据库,①从而实现资源共享,为各类科技创新计划选准创新方向和内容提供咨询建议。② 另外,行业协会还可以为组织成员提供行业科技创新和市场竞争中的有关"标准＋知识产权"信息、预测及决策咨询方面的服务,利用网络资源,为联盟内的企业特别是中小企业提供专业化服务。

五、基于协同创新的知识产权联盟运作方式

(一)政府引导:着眼宏观战略规划,构建产业生态系统

在构建知识产权与标准化协同创新的"生态系统"过程中,互动是复杂多样的,并且沟通的渠道越多、链条越长,创新系统的生命力就越顽强。[1]传统的产业知识产权联盟组建方式,往往是若干行业内的骨干企业主动发起,针对某产品领域形成以保护市场竞争优势为目标的知识产权联盟,在很大程度上减轻联盟成员之间的知识产权交易额外负担,最大限度避免形成知识产权壁垒,减少或避免相关的知识产权侵权诉讼。与发达国家相比,我国科技创新战略推进具有极强的"政府供给"特点,在产业发展策略指引方面能够起到关键作用。目前国内产业联盟在标准化工作方面一般是开展统筹协调工作,联盟成员兼以标准组织成员的身份参与相关标准的制定和修订。③ 互联网颠覆了传统的产业生态链,未来企业间竞争的关键是建立跨界的商业生态竞争与合作关系。④ "生态系统"型的知识产权与标准协作模式,实质上是一种共享权益的协作模式,即为技术创新投入大量的研发成本,然后通过一定的业务战略布局,以知识产权授权的形式与部分或特定的市场主体共享知识产权,从而促进合作目标的达成,最终形成完整的产品领域"产业生态系统"。

近年来,为规范产业技术创新战略联盟创新协调活动,我国出台了一系

① 晓梦.多层次、有重点地实施知识产权发展战略[J].江苏科技信息,2004(2):34-37.
② 杨晨.用知识产权管理赢得竞争优势 知识产权管理理论[M].北京:科学出版社,2008:76-77.
③ 王加莹.专利布局和标准运营[M].北京:知识产权出版社,2014:135.
④ 喻晓马,程宇宁,喻卫东.互联网生态:重构商业规则[M].北京:中国人民大学出版社,2016:2-3.

列部门规章和政策文件,主要有《关于推动产业技术创新战略联盟构建的指导意见》《国家科技计划支持产业技术创新战略联盟暂行规定》《关于推动产业技术创新战略联盟构建与发展的实施办法(试行)》等。2009 年,六部委发布的《国家技术创新工程总体实施方案》[①]也牵涉到了产业技术创新战略联盟建设问题,即推动产学研各方围绕产业技术创新链,在战略层面建立持续稳定的合作关系,根据产业技术创新需要,开展联合研究、制定技术标准、共享知识产权,整合资源建立技术平台,实现创新成果产业化。有学者剖析了国家创新系统中的政府作用,认为尽管激励措施的运作方式差异很大,但都是非常成功的。[②] 在建立产业联盟的过程中,在政府的支持下成立相应的标准工作组,或者政府批准行业联盟的标准制定和修订功能。政府应当组织行业对外国制定的产品技术标准进行系统梳理,公开相关信息,鼓励国内企业参与标准制定,保障标准制定过程的公开性、参与过程的自由性和透明度,努力实现利益相关者之间的协调一致。

例如,出于引导和服务产业发展的需要,深圳市新能源行业协会、深圳市太阳能学会联合深圳市标准技术研究院及相关企业在 2011 年 4 月成立了"新能源协同创新知识产权联盟"。该联盟建立的目的在于整合现有技术资源,推进建立健全与新能源产业相关技术标准体系,发挥联盟资源整合的整体优势,促使知识产权与标准有机结合,进而为了提高新能源产业在国际国内市场的核心竞争力,应该为联盟企业提供更有效的技术信息和其他支持。[③] 新能源协同创新知识产权联盟最终将推动该产业领域形成"技术专利化—专利标准化—标准许可化"一个良性循环的链条,政府职能部门将为该联盟的发展壮大发挥推动和引导作用,抢占国际新能源标准的话语权。[④]

(二)企业主导:聚焦产品,紧密结合形式

从开放创新的视角来看,企业将知识产权注入公有领域,有助于形成联

---

① 科学技术部,财政部,教育部,国务院国资委,中华全国总工会,国家开发银行.国家技术创新工程总体实施方案.国科发政〔2009〕269 号.

② Nelson R R, Wright G. The Rise and Fall of American Technological Leadership: The Postwar Era in Historical Perspective[J]. Journal of Economic Literature,1992,30(4):1931-1964.

③ 尹航.新能源标准与知识产权联盟在深圳成立[J].能源研究与信息,2011,27(2):94.

④ 马磊.新能源联盟主攻电动汽车[J].中国标准化,2011(6):19-20.

智发明(Collective Innovation),企业和竞争对手都会互相公开自己的研究思想和成果,促使企业之间形成非正式的合作网络,从而实现成功的渐进式创新,提高整个行业的生产力。① 尽管大多数情况下,企业知识产权"公有化"的最终目的还是进行战略布局。

基于协同创新的知识产权联盟体现了一种超常规的聚合创新能力。联盟组织多个企业群体参与大规模的创新活动,在创新活动的前、中、后各阶段均有严格的行为规范,利用互联网等现代技术形成创新矩阵网络和社区,加强创新主体之间的接触、互动与交流。② 联盟成员之间签订技术协议是构建合作组织必要保证。只有拥有专利与标准组合的公司,才真正有能力签订此类战略技术协议,领导标准研制过程。③ 跨国公司运用技术优势改变竞争格局,组建"知识产权+标准"联盟自然成为技术联盟的最高形式,加速了知识产权与标准融合。④

企业是"知识产权+标准化"产业联盟组织建设的基石。企业以联盟组织形式推进产业领域知识产权的标准化,实现知识产权与标准的协同发展,在一定程度上可以摆脱知识产权时间有限性和地域性的限制。为了维持标准的稳定性、尽量避免频繁改动,标准中所包含的专利技术往往都是具有相当前瞻性的。同时,知识产权还具有地域性的限制,只在被授权国家或地区范围内产生合法垄断的法律地位,而标准具有普遍适用性,一旦国际标准化组织机构将某项专利技术纳入标准之中,则该项专利就不需要在多个国家或地区获得授权,也可以获得事实上的垄断地位。也就是说,标准已然成为国际市场竞争的游戏规则,在掌握核心技术专利的前提下,参与制定和修订技术标准,就等于在获得市场准入权的基础上进一步取得了引领产业发展的话语权,而采取跟随战略的企业极有可能陷入被动,无法达到标准要求的企业,则可能被排除在市场竞争之外。⑤ 因此,企业不仅要积极开展内部的各项标

① 陈劲,郑刚.创新管理:赢得持续竞争优势[M].北京:北京大学出版社,2013:182.
斯亚奇,陈劲,王鹏飞.基于知识产权外部商用化的知识收入研究[J].技术经济,2011,30(2):1-7.
② Gloor P A. Swarm Creativity:Competitive Advantage Through Collaborative Innovation Networks[M]. New York:Oxford University Press,2006:4.
③ 吴林海.我国未来技术标准发展战略研究——基于跨国公司标准与专利的融合[J].中国人民大学学报,2005(4):105-110.
④ 徐元.全球化下专利与技术标准相结合的趋势与问题解决途径[J].产经评论,2010(6):109-118.
⑤ 杨辉.技术标准与知识产权的协调发展探析[J].印刷质量与标准化,2011(10):51-56.

准化活动,还要积极参与行业的技术交流,参与制定和修订国际标准。应按照"谁投资谁受益"的原则,运用市场手段鼓励企业加大人力物力投入,支持和促进科研机构与国有大型集团、民营企业和高校的合作,实现标准化战略的真正有效突破。[①]

通过分析现代高技术产业的特点,我们发现,探讨知识成果的知识产权化与标准化确有必要,应进一步分析资源开放的结果与传统知识产权垄断性质之间的冲突,以及开放资源原则是否能适用于面上意义的产业技术发展。成立基于协同创新的知识产权联盟,引导企业、高校和科研机构等多元主体整合资源,在技术创新、自主知识产权创造与标准研发方面发挥整体优势,推动知识产权与标准的融合协同发展良性循环,将有利于整体提高我国企业的核心竞争力,真正做到在国内外市场竞争中取得优势地位。

(三)行业协作:整合上下游产业链,开展社区型合作形式

目前,知识产权开放许可已成为高新技术产业知识产权联盟一种新的组织模式。前文提及的国家半导体照明工程研发及产业联盟(China Solid State Lighting Alliance, CSA)2017 年联盟成员 LED 产值占国内产值的70%。在《联盟章程》[②]中,提及了知识产权与标准两者要紧密结合,联盟业务范围中关于知识产权与标准的内容包括:推动建立技术标准、质量检测、认证和评价体系,参与和推动国际标准化工作;建立专利合作平台与机制,提升行业国际竞争力;扩大国际合作,树立自主品牌,提升国际影响力和话语权;[③]以技术支撑标准的发展,突破产业发展的核心技术,形成技术规范产业发展的技术标准,开展产品质量认证服务;推进专利池建设,建立成员间知识产权优先共享或专利技术优先许可机制,实现知识产权共享,探索知识产权运营的新模式。

协同创新作为一种新型的多元化合作方式,不同于一般意义上企业间的合作。协同创新更深层次的风险在于合作预期的不一致。在大多数情况下,

---

①　李晓西,王诺.生物医药产业与标准[J].标准科学,2009(1):22-26.

②　国家半导体照明工程研发及产业联盟.国家半导体照明工程研发及产业联盟章程(第四次修订稿)[EB/OL].(2013-11-10)[2021-04-25].http://csa.china-led.net/? c=about&id=13&cid=1.

③　王炳富,刘芳.产业技术创新战略联盟网络能力与治理绩效案例研究[J].社科纵横,2018,33(12):47-52.

协同创新组织合作方不仅仅有企业,还包括高等院校、科研院所以及生产性服务机构等主体。协同创新组织中的企业最优先追求短期经济效益的最大化,其对于投资回报的预期极为敏感。而高校和科研院所的目标定位与企业有一定偏差,追求经济利益并不是其开展相关科研攻关活动的第一追求,其进行创新活动的目的往往偏重于取得高水平的科研成果,趋向于如何最大化地增长社会效益而非经济效益,而且较少地考虑知识成果产出之后的市场转化情况,所以其对创新时间节点把控不直接受制于市场规律要求。中介机构等生产性服务业从业者接手的是研发活动的"中段",达到与被服务对象约定的工作任务即止。因此,合作各方在工作目标方面差异直接了影响参与者的创新动力、资源投入和创新成果分配,从而使合作各方在进行协同创新过程中,有较高概率产生争议和纠纷。①

对此,产业技术标准联盟应找准市场定位,着力进行产业链的纵向整合,打通产业链上下游各环节,通过有计划的技术推广行为使得知识产权融入行业内所广泛采用的标准中去。应形成完整的治理结构,通过专门的组织体系,开展技术标准的研发、测试认证和市场推广,形成技术标准联盟运营的价值链。② 创建产业知识产权与技术标准联盟,可以更好地实现我国的产业结构深化调整和经济转型升级,政府主管部门可以更有效地进行有区别的政策性引导,同步协调专利和标准政策,合力引导技术的研发和产业化。在产业技术标准联盟中合理进行知识产权运营,对于战略性新兴产业技术领域来说,能够高效助推拥有高技术的企业进行知识产权的战略布局,谋求未来发展的市场话语权;而在传统产业技术领域,引导企业发展和完善核心以及周边专利,增加了交叉许可的可能性,最终通过形成的整体优势带动技术薄弱环节的建设,实现产业集群优势。

---

① 李朝明.基于协同创新的企业知识产权合作[M].北京:经济科学出版社,2018:77.
② 曾德明,朱丹,彭盾 等.技术标准联盟成员的谈判与联盟治理结构研究[J].中国软科学,2007(3):16-21.

第三章 协同创新联盟知识产权权益分配

第一节 协同创新组织知识产权共享与许可

一、高技术产业发展引发的知识开放与共享

传统知识产权法律的宗旨,是促进技术创新,引导技术发展方向,平衡权利人合法权益与社会公共利益,保护由知识产权合法地位而产生的垄断地位不受恶意侵害,这些知识产权法的基本原则是在知识产权法律制度演进发展过程中,一点一滴积累起来的精华,是当今高技术产业得以生存和发展的前提条件。因此,知识产权制度是高技术产业有关知识产权法律机制的基础和主要组成部分。[①]

近年来,我国学者逐渐开始关注高技术领域的知识产权保护。对于高技术一词,形成了较为统一的认识,是指与生产或使用复杂仪器、设施、方法等有关的科学技术,特别是在电子和计算机领域的科学技术。[②] 高技术产业是知识经济的支柱,而保护知识产权又是高技术产业得以可持续健康发展的必要保障。[③]

---

① 李颖怡.我国高技术产业知识产权制度的法律机制[J].中山大学学报(社会科学版),2000(3):105-109.

② 陈伟,康鑫,冯志军 等.基于群组决策特征根法的高技术企业知识产权开发评价指标识别[J].科技进步与对策,2011,28(11):116-119.

③ 罗玉中,易继明.论我国高技术产业中的知识产权问题[J].中国法学,2000(5):74-85.

高技术产业发展需要协同创新。高技术产业崛起与蓬勃发展使得传统的知识产权权利限制对高技术时代知识产权的保护可能产生不利因素。协同创新知识产权联盟的创新活动与知识产权战略实施的深度密切相关,因为产业技术创新战略联盟实施技术创新,需要在知识产权战略的指导下,及时确认知识产权,科学管理创新成果,使创新成果及时进入产业化轨道。[①]

二、协同创新知识产权联盟聚合开放服务功能

识别市场机会是建立协同创新知识产权联盟的目标前提,风险分担和利益共享是其价值基础。协同创新知识产权联盟成员企业的创新能力和创新需求随时间呈下降趋势。为了长远发展,协同创新联盟应通过组织成员间创新知识的有效整合,充分利用创新知识的外部性,不断提高战略联盟的创新潜力,为区域技术创新和区域经济发展提供丰富的创新资源。[②] 在以互联网为代表的信息和通信技术的影响下,传统的经济发展区位优势理论被赋予了新的内容:一方面,区域创新活动呈现离散的表现形式;另一方面,区域创新业态呈现集聚化特征,信息技术的发展使得区域创新主体之间的内部协调与沟通越来越频繁。高新技术产业中的一些知识成果具有生产力和工具性的特点,也使得传统知识产权法单一部门调整的局限被打破,实行知识产权法律分支部门之间的跨部门的综合保护,由此使得知识产权法律制度进入了一个新的领域和更高的层次。[③] 有学者甚至针对这一趋势,提出了制定"边缘知识产权法"的设想。[④]

行业竞争力来源于掌握核心技术所带来的先手优势。科学地应用知识产权是提高行业整体竞争力的当务之急。[⑤] 我国高新技术产业创新生态系统应选择多主体治理、多枢纽连接的模式,以保证其有效运行。为提高创新资源配置效率,充分发挥创新生态系统的功能,必须建立健全以专利为基础的知识产权治理体系,建立协商机制、利益共享机制、信息披露机制和平台开

---

① 冯晓青.国家产业技术政策、技术创新体系与产业技术创新战略联盟——兼论知识产权战略的作用机制[J].当代经济管理,2011,33(8):19-26.

② 王子龙,谭清美,许箫迪.策略联盟及其协同创新模型研究[J].管理评论,2006(3):59-62,53,64.

③ 李颖怡.我国高技术产业知识产权法律制度探析[J].中外法学,1999(6):3-5.

④ 郑成思.信息、新型技术与知识产权[M].北京:中国人民大学出版社,1986:133.

⑤ 陈武.行业协会在实施知识产权战略中的作用[J].电子知识产权,2006(5):35-37.

放机制。这些机制可以为企业之间的互动与合作过程提供详细的行为规范，确保企业之间的有效合作，进而促进新型产业创新生态系统高质量运作。[1] 以北京市重点产业知识产权联盟为例：2007 年，北京市知识产权局在电子信息、医学生物、新材料、能源、环保等六大重点领域推进北京市重点产业知识产权联盟建设，建立了引进、消化、吸收和再创新国外公共专利技术的公共信息平台，指导和资助专利翻译、检索、分析等专业知识产权中介机构，代理、管理和保护，消化、吸收、再创新国外有效的国外高端发明专利，但不受我国专利法保护，同时提供科研投入、知识产权战略应用，进出口贸易和可能发生的涉外知识产权纠纷提供了预警。[2]

三、协同创新知识产权联盟的权利共享与许可

(一)产业联盟知识权益分配外部影响

高技术产业创新具有信息外溢效应。知识产权制度赋予知识产权权利人以合法的垄断地位，使其能够自行或借助国家公权力机关的力量阻止他人对其知识产权的模仿跟随，对价是技术信息的公开。知识产权制度的精妙之处在于，既要保证知识产权人的合理经济利益预期，又要保证创新技术信息的共知共享，促进知识的流动与合理溢出，在利益的动态平衡中推动经济社会发展进步。[3] 高技术产业的质变式发展导致企业产品迭代速度加快，围绕核心技术展开的市场竞争更加激烈，产品受众需求随着技术进步得以充分释放，导致每一代产品的生命周期相较于之前缩短，技术路线分化加快，绕开技术壁垒的路径变得更加灵活多样了，再加上产品系统的复杂化，知识产权保护期限到期或先进技术迭代应用于消费终端时，使得任何一家企业都没有办法长期把持住某一产品所需技术的垄断状态。即使少数尖端产业的产品，其核心技术的扩散与被替代也只是时间问题，而且核心技术的专利垄断期与技术替代期之间的时间差变得越来越小。在知识经济时代，高度发达的经济和

① 吴绍波，顾新.战略性新兴产业创新生态系统协同创新的治理模式选择研究[J].研究与发展管理,2014,26(1):13-21.

② 张清奎.医药及生物技术领域知识产权战略实务[M].北京:知识产权出版社,2008:19.

③ 郑成思.知识产权法[M].北京:法律出版社,1997:50.

技术为知识成为有价值的商品提供了环境,知识在可交易的条件下成为财产,知识进入市场的基础是知识产权的确立。① 企业与竞争对手将各自的研究思路和成果相互披露,形成企业间非正式的合作网络,从而实现成功的增量创新,提高整个行业的生产率。②

企业联盟的形成是竞争利益协调的结果,其知识产权政策也反映了这一特点。知识产权联盟的根本目的是降低知识产权所有人之间相互许可或许可给第三方的交易成本,并减少甚至避免由于考虑到知识产权权利人之间的信任关系而存在的法律障碍,从而实现成员利益的最大化。③ 专利联盟是一种传统的产业实践,不是一个新的概念,也说明随着历史的发展,专利联盟可以在结合新技术或新产业特点的基础上,为科学研究、产业发展和知识产权保护服务。④ 在知识产权联盟中,知识产权收益分配也是至关重要的问题,其关键点在于各联盟成员利益的最优化配置,这里的利益既包括长远的市场份额与产业引领效益,也包括短期的经济利益。应该尽最大努力使联盟成员得到应有的利益,实现利益相关者利益的平衡。这样,收入最优分配的过程实质上就是联盟成员激励机制的安排过程。收入分配的合理性和公平性直接影响到联盟成员的创造积极性,最终影响到联盟的绩效。⑤ 所以,协同创新知识产权联盟工作的基本出发点和主旨目标,就是设计激励制度、产权规约,协调与平衡联盟成员之间的利益关系。

(二)联盟内部知识产权权益分配依据

知识产权联盟本质上是契约型的联盟,联盟成员在加入"集体组织"时,要通过认可并遵守"集体协议",按照协议进行知识产权利益的分配⑥,从而在成员之间形成一种预设的准市场交易关系。知识产权联盟不能像科层制的行政机关那样,通过"委员会式"的权威实现利益分配,只能通过"议会式"

---

① 斯亚奇,陈劲,王鹏飞.基于知识产权外部商用化的知识收入研究[J].技术经济,2011,30(2):1-7.

② 陈劲,郑刚.创新管理:赢得持续竞争优势[M].北京:北京大学出版社,2013:182.

③ Lanjouw J O, Pakes A. Putnam J. How to Count Patents and Value Intellectual Property: Uses of Patent Renewal and Application Data[J]. Journal of Industrial Economics,2010(46):405-433.

④ 刘银良.生物技术的知识产权保护[M].知识产权出版社,2009:241.

⑤ 李大平,曾德明.高新技术产业技术标准联盟治理结构和治理机制研究[J].科技管理研究,2006(10):78-80.

⑥ 张利飞,曾德明,李大平 等.技术标准联盟治理的本质分析[J].科学学研究,2007(4):687-690.

的协商进行知识产权利益博弈,协议成果的背后是各个企业在支配力、控制力和谈判力方面的较量。协同创新知识产权联盟在治理方面,应着重关注协调联盟内部各企业之间的权利义务与利益分配,着力实现联盟中各成员和联盟本身经济利益的最大化,这关系着联盟内部和外部关联者的切身权益。[①] 协同创新知识产权联盟与传统产学研合作组织治理的最大区别之处,在于治理的出发点和工具性手段不是传统产业联盟所惯用的"控制权",联盟成员之间不能再延续以往"控制"与"反控"的模式,而是应该在地位平等的基础之上,通过谈判解决"收益优化配置"的问题。[②] 知识产权联盟管理机构由核心知识产权持有者指定,负责知识产权联盟的管理,核心知识产权持有者保留其在知识产权联盟之外的知识产权许可权。[③] 联盟内的知识产权权益分配机制,可以追溯到 19 世纪美国缝纫机联盟。缝纫机联盟是经典的专利池,联盟内四家主要生产商作为初始成员在不妨碍自由竞争的前提下,将自己的核心专利技术捆绑在一起,交叉许可各自的专利。申请加入联盟的会员为每一台生产的缝纫机支付一定数额(15 美元,后降为 7 美元)的许可费,这笔费用的一部分专项用于解决联盟外知识产权纠纷,剩下的部分由联盟创建成员平均分配。由于该领域绝大部分核心专利集中在联盟初始成员手中,所以知识产权纠纷总量比专利池形成之前的"内战时期"反而是减少了。[④]

　　知识产权联盟成员实现利益的内部和外部双优选择,是制定(或形成)和推行团体标准,推而广之至全行业,至少要占到拥有话语权的份额。然后,借助被市场和消费终端受众所接受并认可的标准,迫使联盟外的竞争对手向自己寻求技术许可,从而实现联盟的战略意图。[⑤] 如蓝牙技术联盟(Bluetooth Special Interest Group,SIG)在 1998 年成立初期,就建立了完整的组织架构,分为:委员会(committees)、研究组(study groups)、专家组(expert groups)和工作组(working groups)。联盟成员之间进行了技术研发上的细致分工:英特尔负责蓝牙技术中半导体芯片和传输软件的开发,爱立信和诺

---

　　① 李迟.技术标准联盟的相关机制及中国应对技术标准化的策略[C]//张乃根,陈乃蔚,主编.技术转移、后续研发与专利纠纷解决.上海:上海交通大学出版社,2009:132.

　　② 曾德明,朱丹,彭盾 等.技术标准联盟成员的谈判与联盟治理结构研究[J].中国软科学,2007(3):16-21.

　　③ 马忠法.专利联盟及其专利许可政策[J].企业科技与发展,2009(7):44-45.

　　④ 王晋刚.专利疯 创新狂——美国专利大运营[M].北京:知识产权出版社,2017:59-60.

　　⑤ 马忠法.专利联盟及其专利许可政策[J].企业科技与发展,2009(7):44-45.

基亚负责射频和手机软件,IBM 和东芝负责笔记本电脑的接口规范。[①] 随着蓝牙技术为市场所广泛接受,产品端的需求面迅速变得宽广起来,联盟成员之间多个主体联合研发蓝牙技术的情况越来越普遍,如英特尔将其芯片技术与微软的软件技术相结合,开发了对 Windows 系统的蓝牙支持技术,允许在无线设备和拨号网络之间同步无线传输计算机文件。[②] 蓝牙技术联盟成员享有免费使用蓝牙协议及相关专利的权利,并相互共享专利。所有联盟成员均可在产品开发和服务中使用蓝牙技术,并经认证后使用蓝牙技术联盟颁发的蓝牙规范和蓝牙(bluetooth)商标许可证。[③]

四、协同创新知识产权联盟法律风险应对策略

协同创新是新型的合作模式,打破了创新者之间的壁垒,有效整合专业、人才、技术、资本、信息等创新资源,实现创新者之间的深度合作、利益共享和风险共担。[④] 这种创新模式的核心意义是整合政府主管部门、产业界、高校科研院所等多个主体力量的优势,重点解决关键问题,提高创新的效率。知识产权是与创新密切相关的权利,是任何创新体系中法律权利不可回避的载体。协同创新的本质决定了知识产权需要充分进行共享。知识产权共享与保护机制反过来也影响着协同创新主体的主动性,两者互相促进,却又截然不同。有学者指出,知识产权风险、竞争风险和组织风险都是协同创新所可能面临的风险,其中知识产权风险居于首位。[⑤] 由于目前学界缺乏对协同创新知识产权风险的认识,以及缺乏防控机制,使得创新者对于协同合作顾虑重重,这直接阻碍了协同创新合作模式的推广应用。从整体风险的角度来看,协同创新战略中的知识产权风险,主要表现为未经授权使用知识产权而产生法律责任的风险、公地悲剧和反公地悲剧,以及知识产权被淡化的风险。

知识跨领域流动也造成了协同创新的知识产权法律风险。高等院校作为知识交流的枢纽,讲求的是知识的高速流动性,而且这种流动是很有可能

---

① 王德禄.联盟为纽　探索产业自主创新道路[J].深交所,2007(6):41-43.

② 王德禄.联盟为纽　探索产业自主创新道路[J].深交所,2007(6):41-43.

③ 王德禄.联盟为纽　探索产业自主创新道路[J].深交所,2007(6):41-43.

④ 张丽娜,谭章禄.协同创新与知识产权的冲突分析[J].科技管理研究,2013,33(6):163-166.

⑤ 郭永辉,郭会梅.设计链协同创新与知识产权的矛盾探析[J].科技进步与对策,2011,28(5):26-29.

发生在不同学科之间的交叉性的流动。在协同创新的过程中,注重创新知识机密性的企业在与高校进行非经营性知识交流更容易造成专有知识呈开放式的传播扩散,而这种类型的创新知识的过早扩散是非常不利于企业利用技术掌握市场话语权的。另外,也有随主体流动的专有知识过早扩散问题,即创新知识生产者自行创业或者到其他企业工作,不可避免地会将相关创新知识引进至其他市场竞争主体,从而对原合作主体产生负面影响。这种情况目前在我国逐渐增多起来,一个典型的案子就是:亚什兰许可和知识产权有限公司、北京天使专用化学技术有限公司与北京瑞仕邦精细化工技术有限公司、苏州瑞普工业助剂有限公司、魏某侵害发明专利权纠纷案。[①] 在此案中,被告魏某原来是北京天使专用化学技术有限公司员工,他的职位使他有机会详尽地了解本案所涉及方法专利的应用细节问题。后来魏某辞去原公司职务,成立了苏州瑞普工业助剂有限公司,并使用亚什兰公司的专利开展生产经营活动。在被告没有提供进一步相反证据的前提下,一审法院根据案件的具体情况,认定所指控的技术方案侵犯了所涉及的专利权,被告构成了知识产权侵权行为。[②] 最终,该案通过调解解决。

由于知识产权的垄断性特征,所以激励创新与限制竞争、保持私人信息的私密性和保障公共信息资源共享之间的矛盾总是难以得到妥善处理。在协同创新中,一方面,创新者需要对现有的知识产权展开投资活动;另一方面,协同创新中产生的知识产权存在不同的利益相关者,涉及多种利益,这些利益既一致又相互冲突。[③] 协同创新的多主体性和多面性特点也使得人们更难把握两者之间的平衡。所以,对于协同创新主体而言,相关的知识产权受到了更多的限制,在一定程度上反而阻碍了创新主体的主动性。[④] 此外,合作创新需要双方密切联系和技术知识共享,而更加复杂高端的技术攻关需要大量的沟通、互动与交流。在这一过程中,知识不可避免地会溢出,这也会造成知识产权仿冒的风险。由此我们可以看出,知识产权仿冒风险最大的危害是,它直接降低了知识产权权利人进行权利共享的信心,同时增加了各方

---

① 江苏省苏州市中级人民法院民事调解书.〔2010〕苏中知民初字第 0301 号.

② 中国知识产权司法保护年鉴编辑委员会.中国知识产权司法保护年鉴 2013 年[M].北京:法律出版社,2014:550.

③ 李玉璧,周永梅.协同创新战略中的知识产权共享及利益分配问题研究[J].开发研究,2013(4):144-148.

④ 张丽娜,谭章禄.协同创新与知识产权的冲突分析[J].科技管理研究,2013,33(6):163-166.

对合作风险的忧虑。

知识产权的载体也呈现出多样化、难控制的趋势。从最常见的商标和图像的具体存在到域名、技术甚至形象等抽象事物,知识产权的载体日益增多,知识产权侵权的识别标准也在发生着变化。同时,由于互联网的快速发展而引起的信息爆炸大大增加了知识使用的频率,创新创意作为引人注目的因素在互联网环境下可以充分实用化,自然受到了各方关注。然而,由于信息量巨大,不同的创新客体之间不可避免地会出现重复交叠以及权利边界相冲突的情况。而有意仿冒和无意间的重复,两者的主观恶性是有区别的,直接体现在对相应法律后果的责任承担上。此时,知识产权法律制度如何对两者进行准确分辨,几乎是无能为力的。正是由于主体之间利益和需求的不同,以及许多难以预计的情况,使得网络环境下知识产权的法律风险急剧增加。在知识产权法中,何为"假冒"或"仿冒",一直都无最终定论,特别是在当今日益多样化的信息呈现形式中,仿冒侵权的外延已经远远超出了立法者当初的预期,这也导致了互联网环境下知识产权侵权的广泛性。

第二节　协同创新中科研成果转化的政府导向
——以长三角区域为例

一、长三角区域集群创新现状与科技成果转化存在的问题

近年来,产业集群已成为我国区域经济发展的重要产业组织形式和载体。[①] 产业的集群化发展由此产生了一种新的创新模式——集群式创新(clustering innovation),即以专业化分工和协作为基础的同一产业或相关产业的许多企业,通过地理位置上的集聚,产生创新聚集效应,从而获得集群创

---

① 国家发展改革委:关于促进产业集群发展的若干意见(发改企业〔2007〕2897 号)。

新优势的一种创新组织形式。^① 产业集群的创新过程是企业、科研机构、政府、中介服务机构、市场环境等因素相互作用、相互协调、共同推动的过程。产业集群内不仅存在大量有创新压力的企业，而且拥有稳定的促进学习、交流和进步的共生机制。^②

2003 年 11 月 2 日，在科技部指导下，上海市政府、江苏省政府和浙江省政府共同签署了《沪苏浙共同推进长三角区域创新体系建设协议书》，这是首个由首级政府间签署的共建区域创新体系的协议，标志着长三角区域创新体系建设正式启动。随着长三角地区产业技术的进步，以块状经济和科技园区为特征的创新集聚区日益成为区域科技和区域经济发展的空间载体，成为长三角地区最典型的科技经济现象。中国社科院产业经济研究所根据 100 多项产业集群发展指标，经过深入调研和广泛征求意见，从我国近 1000 个具有一定规模的产业集群中选出了中国最具竞争力的 100 个产业集群，其中包括长三角地区 57 个，浙江 36 个，排名第一；江苏 17 个，排名第二；上海 4 个，排名第六。总体来看，长三角地区的产业集群大致可分为两类：一类是汽车、钢铁、医药、电子信息、金融等传统优势产业和新兴产业发展形成的创新集群，主要聚集在上海、杭州和苏州等地。另一类是区域内自发培育的产业集群。这些集群具有很强的竞争力，在全国乃至全世界都具有相当的竞争优势。浙江的块状经济是最典型的。如温州的金属外壳打火机占全球市场的 70%，国内市场的 95%，合成革行业占国内市场份额的 70%，皮鞋占 20%，锁具占全国市场的 65% 以上。目前，慈溪市共有 16 家企业，在净水器、窗帘布、微型轴承等领域已成为国内产业单项冠军。^③

在产业集群蓬勃发展的同时，也应清醒地认识到长三角区域科技成果转化存在的不足。长三角地区有很多外资企业。在电子信息、装备制造等重要产业领域，多数为外资或合资企业，本土企业基本处于辅助或配套地位。经过十多年的合资生产，两省一市政府和骨干企业有着迅速提升产业技术水平的强烈愿望，但在成立合资企业时，许多地方企业放弃了技术领先权，产品更新和技术升级的愿望难以实现。长三角地区在吸收大量国际产业和技术转移、迅速形成投资和产业集聚效应的同时，还没有形成与产业规模相适应、拥

① 刘友金.集群式创新:中小企业技术创新的有效组织模式[J].经济学动态,2004(5):40-43.
② 王缉慈.创新的空间——企业集群与区域发展[M].北京:北京大学出版社,2003:12.
③ 张仁开."十二五"时期推进长三角区域创新体系建设的思考[J].科学发展,2012(9):50-59.

有自主知识产权的核心技术积累和能力。在主要装备制造业中,70％的数控机床、76％的石油化工设备、80％以上的集成电路芯片制造设备、100％的光纤制造设备被国外产品占领。在通信、半导体、生物等高新技术产业中,外资企业获得的专利数量也达到60％～90％。电子信息、装备制造、生物医药等产业对技术的依赖超过60％,产业空心化现象严重。尽管两省一市都培育了一些高新技术产业,近几年的专利申请也出现增长态势,但体现自主核心技术的发明专利比例很低,体现产业国际技术水准的三方(美国、欧洲、日本)专利不足1％。[①]

二、集群创新成果转化的政府导向要素分析

(一)集群创新中政府的角色定位

前述提及,任何产业集群的健康发展都离不开市场调节和政府引导的双重作用。一个尊重市场、服务与管理有力的政府,对培育和提高集群整体创新能力具有重要作用。作为企业集群发展的外部动力,各级地方政府应自觉重视集群的规划和行为控制。虽然产业集群的发展方向和速度是由市场决定的,但发达国家的实践也表明,政府在促进产业集群发展中起着不可或缺的作用。政府政策和政府管理是宏观层面的驱动因素,包括为产业集群发展提供合理的制度环境和有效的公共服务,制定有针对性的政策措施,解决集群发展中科研成果转化中遇到的各种问题。[②]

在科研技术成果转化实践操作方面,地方政府可以充分放权,充当"监护人"的角色。例如上海的"专利集市"就是由公共服务机构——上海市知识产权服务中心和上海市小企业(生产力促进)服务中心主办,为广大中小企业、创业及投资者提供专利项目、专利技术、专利产品的交易服务平台。从2003年7月开市以来,专利集市基本每月开设一次,目前已有1000多项专利项目入市。这一典型事例说明,基于公共服务平台运行、进行市场化运作,同时政府适当加以干预,是集群创新过程中政府的应有定位。

---

① 张仁开."十二五"时期推进长三角区域创新体系建设的思考[J].科学发展,2012(9):50-59.

② 王卫东.产业集群网络结构风险预警研究[M].北京:中国人民大学出版社,2016:257.

（二）集群创新政府导向形式

创新的形式，可以细分为原始创新、集成创新、引进消化吸收再创新，[①]以及知识创新、技术创新、管理创新、方法创新等等。将创新演化过程和方式进行细分，有利于将创新理念推向全社会，但易将创新活动"片段化"，淡化创造价值的最终目的。因此，党的十八大报告在肯定之前创新发展战略思路的基础上，强调了创新系统内各主体协同的重要性，指出要实施创新驱动发展战略，坚持走中国特色自主创新道路，以全球视野谋划和推进创新，通过引进、消化、吸收，提高原始创新、集成创新和再创新能力，更加注重协同创新。

各级政府在促进科研成果转化过程中，主要可以采取的措施是提供有利于集群创新的政策支持。通过加大对企业集群创新基础设施的投入和创新资源的整合，可以架起产业集群内企业之间、企业与其他机构之间创新合作的桥梁。除了对创新项目的直接财政支持外，政府还可以实施促进技术创新的金融政策，如对金融机构的信贷优惠政策。

以浙江省为例，为更好地适应和把握当今时代产业集群化发展的趋势潮流，浙江坚持战略规划先行、政策扶持为重点，推进区块经济转型升级合理布局，优化区块经济转型升级向现代产业集群的路径选择。2007 年以来，杭州市每年安排 1 亿元专项资金，大力支持以装备制造业为代表的新型重化工产业发展；金华市安排 1000 万元专项资金用于汽车产业转型升级，技术改造升级优惠资金 2000 多万元；舟山市每年安排 2000 多万元用于造船业转型升级，开展"税后核查"试点，出口船舶"首退"将提前返还 20 亿元；黄岩每年安排 1500 万元以上模具产业扶持资金，重点支持黄岩模具产业集群转型升级；乐清市计划在政府金融产业发展基金中安排 1 亿元作为转型升级专项资金，重点抓好工业企业产品升级，着力解决共性问题，并搭建公共平台支撑创建和区域品牌建设。[②]

（三）集群创新中政府的作用程度

在促进企业集群发展过程中，政府引导机制的建立和完善将对集群整体

---

　　① 胡锦涛. 坚持走中国特色自主创新道路 为建设创新型国家而努力奋斗——在全国科学技术大会上的讲话[EB/OL]. http://www. gov. cn/ldhd/2006-01/09/content_152487. htm.

　　② 金国娟. 增强实体经济吸引力[J]. 今日浙江，2012(1)：14-15.

创新能力的提升起到有力的推动作用。政府引导集群发展时,重点吸引具有产业带动和关联效应优势、技术创新扩散能力强的项目进入集群,加强集群企业的分工与合作,使集群内的企业形成一个完整的产业集群,通过相互依存的行业协会完成产业价值链的闭环。

关于集群创新中政府的作用程度,西方发达国家的典型案例可以供我们借鉴参考。挪威奥斯陆肿瘤集群(Oslo cancer cluster)的成立与运作即是其中典型代表。该中心是一个由 70 余家成员组成的生物技术集群和挪威国家级专家中心,旨在以挪威历史悠久的癌症防治和研发传统为依托,凭借多年积累的专长和知识,成为领军世界的癌症研究中心。由于奥斯陆肿瘤集群的成功,挪威中央政府和奥斯陆地方政府都加强了对生物医药产业发展的支持。政府机构成立上述产学研协会的目的是通过企业、医院、研究机构、金融机构和政府机构的密切合作,有效地将价值链上的所有组织联系起来,密切适应市场需求,保证资金投入,缩短发现和发明转化为产品的时间,提高产业在国际市场上的竞争力。在这一过程中政府主管机构并不直接参与集群的决策与业务活动。

三、强化政府在集群创新中协同效应的建议

(一)树立以创造价值为根本目的创新政策导向

在政府引导方面,要加强对产业集群培育和发展的引导和协调,实行以龙头对接重点产业和重点项目的集群发展目标管理责任制。要加强规划指导,加快编制完善产业集群发展规划及相关配套规划,使之与土地利用总体规划和城市规划等相衔接。要加快制定产业集群发展指引,提出有针对性的措施和政策,推动一批产业集群发展实现突破。加大政策支持力度,进一步制定和落实产业集群发展的财税、土地、技术改造、项目审批等优惠政策。

对此,欧盟的相关做法可以作为借鉴。欧盟将集群创导(cluster initiative)作为发展创新集群的主要手段。[①] 在创新集群发展的政策路径方面,将加强高校和科研机构在各学科领域开展长期基础研究作为科学研究政策的重点之一,尝试基础研究领域实施以业绩为主导的新型资助政策,引导基础

---

① 赵中建,王志强.欧洲国家创新政策热点问题研究[M].上海:华东师范大学出版社,2013:95-126.

研究人员一有新发现、新认识,就询问相关企业是否有兴趣,如企业有兴趣,他们就会共同讨论如何开展下一步研究,努力将新发现、新认识转变为企业的生产力,从而创造实际经济价值。

(二)营造平等与共赢的科研成果转化利益分配机制

现代社会,要将知识转变为经济价值,越来越依赖多方合作,而平等、共赢是合作成功的重要前提。构建集群是产业发展,尤其是高新技术产业发展的有效模式,有利于价值链上各相关者相互认同,互相合作,有利于人才流动和信息交流。[①] 这就需要构建科学的资源共享和科研成果转化利益分配机制,依靠平面化管理架构,使集群快速发展到有影响力的规模和水平。政府作为社会治理主体,营造平等与共赢的科研成果转化利益分配机制、培育促进产业集群创新机制充分发挥作用的基础支撑环境十分重要。政府应建立公平的市场竞争机制和环境,保护创新主体的合法权益和创新积极性,规范市场竞争行为,加强技术市场的法律法规和管理体系建设,完善技术市场的保护体系、加强知识产权保护。

(三)构建有效的产学研用金协作平台

构建从创新知识成果到获得市场认同产品的价值创造链是实现创新的关键。经验表明,建立高技术产业集聚园区是一种有效的方式。成功的园区一般都能有效组织入驻企业、研究机构、投资机构、中介服务机构开展交流,找到有市场前景的方向开展进一步合作。在北京中关村和上海张江高科技园区,生物医药都是重点发展领域。政府应当重视支持构建有效的产、学、研、用、金交流与合作平台,打造本土从知识到产品的价值创造链。

产、学、研、用、金协作平台所包含的知识产权服务模块功能方面,应涵盖将产权明晰的知识财产转变为经济价值的整个过程,从人才、资本等因素考虑,许多单位无力独自承担起这一系统工程,需要多家有关单位鼎力合作,发挥各自的人才、资本、市场和外协资源等优势,协同推进创新成果的知识产权保障。需要强调的是,集群创新科研成果转化公共服务平台的建设重点应是构建企业、高校、科研院所、金融机构、中介服务机构、政府机构等组成的一体

---

① 宣晓冬.挪威发展生物医药的成功经验[J].全球科技经济瞭望,2010(9):64-67.

化交流合作网络或联盟,而不是流于形式的"网站"建设。

长三角区域是我国经济极为活跃的地区,上海、浙江、江苏等省(市)的经济发展水平已经达到中等发达国家程度,单个省份的国内生产总值甚至远超部分欧洲国家的水平。但是创新能力与发达国家的同等地区相比却差强人意。

综上所述,在协同创新过程中,政府的地位较为独特,其虽然不是创新的直接参与主体,但是对科研成果转化可以起到积极导向作用、并产生协同扩大效应。所以,应健全制度保障系统,激发创新集群成员创新和可持续发展意识,充分调动其抱团发展的积极性,避免仅强调个别经济指标的增长,而忽略产业集群创新能力的培育和协同发展。

第四章　协同创新知识产权法律风险防控

第一节　协同创新知识产权法律风险概述

一、协同创新知识产权法律风险起因分析

协同创新是一种新型的合作模式。通过打破创新主体之间的壁垒,可以有效聚集人才、资金、专业、技术、信息等,实现创新主体之间资源的有效整合,实现创新主体之间的深度合作、利益共享和风险分担。[①] 此种创新模式的核心要义体现为整合政、产、学、研、用等多主体的优势力量集中攻关,提高创新能力,更新创新体系,实现创新的高效率化和高质量化。与创新相伴且联系最紧密的权利当属知识产权。知识产权是任何创新体系中都难以绕过的法律维度,协同创新的性质决定知识产权共享,知识产权的共享与保护机制又影响着各协同创新主体的积极性。[②] 两者互为前提,相互促进,却又存在着冲突。知识产权风险、竞争风险、组织风险是协同创新面临的三大风险,其中知识产权风险排首位。[③] 对协同创新知识产权风险的认识不足和防控方案的缺失使得创新主体之间协同合作存在顾虑,直接阻碍了协同创新模式在我国的推广。考虑到目前学界对协同创新知识产权法律风险研究相对比较薄弱,故应系统地从具体风险和所具危害两个方面进行探讨,并对存在的风险提出防控建议。

---

① 章丽娜,谭章禄.协同创新与知识产权的冲突分析[J].科技管理研究,2013(6):163-165.

② Bader M A. Managing Intellectual Property in Inter-firm R&D Collaborations in Knowledge-intensive Industries[J]. International Journal of Technology Management,2008,41(3-4):311-335.

③ 郭永辉,郭会梅.设计链协同创新与知识产权的矛盾探析[J].科技进步与对策,2011(3):27-28.

二、协同创新中的知识产权仿冒风险

协同创新作为一种新型的合作方式，不同于普通的企业间合作，大多数时候，协同的双方中有一方是高等院校。高校与企业协同创新，要求学校具有相当的科研实力以及企业具有足够的经济能力，以及企业与高校间最充分的技术秘密、知识细节乃至个人经验的交流与沟通。高校的科研才能转化为企业的产出，从而产生更大的经济利益，由于协同创新的双方中有一方是作为学术交流中心的高校，非商业性的普通学术交流中商业机密性较强的企业，故更容易出现同其他主体交流技术的情况。同时，还存在参与创新的人员离开高校后到其他企业工作，将相关技术带入其他企业的情况。

知识产权本身具有垄断性，其鼓励创新与规则竞争、控制私密信息与保证公用信息间的矛盾一直难以解决。① 然而在协同创新过程中，一方面，创新主体需要贡献现有的知识产权；另一方面，协同创新的知识成果产出又牵涉到了不同的利益相关者。协同创新所涉及的知识产权利益，既有专有性，也有多样性；既有一致性，也有冲突性。② 多方面多主体导致互相间的平衡更难掌握。因此对于协同创新主体而言，知识产权更多地表现为约束，而挫伤创新主体的积极性③。再者，协同创新要求双方紧密联系，共享知识与技术，而且越尖端的科技越需要大量沟通。在这个过程中，知识难免出现外溢现象，同样会造成仿冒风险。由此可知，仿冒风险最大的危害在于直接降低了知识产权共享的信心，大大增加了潜在合作各方的顾虑。④

另一方面，从最常见的商标、形象等具体存在，到域名、技术乃至音乐等抽象存在，知识产权所依附的媒介形式不断增加，仿冒行为的界定条件也日趋复杂。同时，互联网导致的信息爆炸使得知识的使用频率较以往大幅度提升，创意作为吸引眼球的要素受到极大重视。但是，正因信息的庞大，创新难

---

① Lemos M C, Morehouse B J. The Co-production of Science and Policy in Integrated Climate Assessments[J]. Global Environmental Change, 2005, 15(1): 57-68.

② 李玉璧，周永梅. 协同创新战略中的知识产权共享及利益分配问题研究[J]. 开发研究, 2013(4): 144-146

③ 章丽娜，谭章禄. 协同创新与知识产权的冲突分析[J]. 科技管理研究, 2013(6): 163-165

④ Oxley J E. Institutional Environment and the Mechanisms of Governance: The Impact of Intellectual Property Protection on the Structure of Inter-firm Alliances[J]. Journal of Economic Behavior & Organization, 2004, 38(3): 283-309.

免出现重叠,此时知识产权的约束作用自然与如何界定恶意仿冒与无意重合以及如何处理也变成了风险的一部分,行为是否应当被划入"仿冒"这一概念之中也是探讨点之一。正是因为主体间的利益诉求不同和难以估量及界定的诸多因素导致了知识产权仿冒风险的产生。仿冒行为的定义一直不明晰,特别是在信息展示形式愈发多样化的今天,其概念范围延伸之广远超从前,这也导致了该风险的危害辐射面极广。

三、协同创新中的知识产权"公地悲剧"与"反公地悲剧"

在当前协同创新模式下,企业与高校、科研究所的合作是基于研发具有两者共同利益诉求的技术,然后在形成的协同创新圈内各自贡献对方主体所短缺的资源,如专利技术、经济力量等。在协同创新圈内,知识产权原持有者在贡献出资源后,其知识产权的专有性被大大淡化,在很大程度上扩大为圈子集体享有,这样一来,各主体使用专利的成本大大减小,而加入这个圈子是以付出自身资源为代价,因此更有可能加剧专利的滥用。协同创新过程中大概率会产生新的专利,新的专利根据合同法规定为研发者所共有,坐享其成无疑是每个成员都难以避免的心理,享有专利、转化专利的速度远高于产生专利的速度和整个研发的进度,加之专利的滥用,导致的直接后果可能就是协同创新的失败。这就是协同创新中的"公地悲剧",其主要表现在对相互知识产权的滥用。任何"公地悲剧"的本质都是个人私利驱使,无疑只用不出能使利益最大化,但凡有一主体出现这种情况,其他主体或跟风效仿或严厉指责,所产生的后果往往是导致后期无新专利可共用或者是加剧联盟离心力,甚至直接导致联盟分裂,这也正是"公地悲剧"的危害所在。

与"公地悲剧"相反,"反公地悲剧"体现在:公地内每个成员都拥有劝阻其他成员使用该资源或者互相设置障碍的权利,导致每个成员都只拥有名义上的使用权却无法实际使用,致使资源的闲置和浪费。反公地悲剧在协同创新风险上表现为产权零碎,缺乏有效的使用和整合。在当今立足产业发展的研发创新有两个趋势:一个是技术综合化和复杂化,另一个则是技术专利化。[①] 两者看似无矛盾的发展趋势往往会产生一种新情况,即一种共同研发

① 徐明华,陈锦其.专利联盟理论及其对我国企业专利战略的启示[J].科研管理,2009,30(4):162-167,183.

的成果产生的各项专利往往分散在不同的专利权人手中。专利本身带有的专有性赋予了专利权人阻止他人使用专利的权利,因此,在由诸多不同专利组成的新产品,为了避免专利侵权,在生产前就必须获得专利权人的许可。[①]再者,在巨大专利基数掩盖下的个别专利或被遗漏,这些专利权人可能会在产品生产时借机向生产者索要高额的许可费。"反公地悲剧"是私利明面化表现而产生的悲剧,违背了建立专利联盟或者协同创新圈的初衷,其危害体现在淡化了圈内圈外使用专利成本的界限,导致专利联盟形同虚设,使得经济成本成为阻碍协同合作创新的首要因素。

四、协同创新中的知识产权淡化风险

知识产权的淡化风险主要体现为商标的淡化。这里的商标显然是指驰名商标,而这也正是绝大多数学者所主张的,即商标淡化是针对驰名商标的特殊保护而言的。驰名商标的保护应是在整个商业范围内,即无论被淡化驰名商标与淡化商标是否在同一经营类别内,均应对驰名商标进行跨类别保护。商标权不是就标记本身所享有的权利,而是就商标所代表的商誉享有的权利。[②] 驰名商标因其显著的声誉承载着巨大的商业价值,机会主义者通过在与驰名商标无竞争关系的领域建立与驰名商标相同或相似的商标,借助驰名商标在公众心目中良好的形象,提升自身竞争力的同时淡化了驰名商标的良好信誉。在一般社会公众的认知看来,特定驰名商标与商品或服务之间,存在着一种必然联系。[③] 这种消费者自然而然联想到的驰名商标与行业的象征关系,也正是商标淡化对驰名商标的冲击的巨大商业内涵之一。当不正当商标所有者将驰名商标挪用到不同的领域时,比如将"星巴克"用于防腐剂制造,将"海尔"用于兽药领域,都会引起消费者对原有驰名商标的含金量的怀疑,更严重者甚至会扭曲原有品牌形象。而这种客观上造成驰名商标与特定商品之间联系扭曲的结果,不以人的意志为转移,因此无论冒用商标者是

---

① 马忠法.专利联盟及其专利许可政策[J].企业科技与发展,2009(7):40-45.
② 李伟.基于企业能力理论的专利能力影响因素及培育研究[M].杭州:浙江大学出版社,2011:11.
③ 任燕.论驰名商标淡化与反淡化措施——再谈我国驰名商标的立法保护完善[J].河北法学,2011(9):21-24.

否在主观上存在故意,都已经形成了淡化商标的构成要件。① 无论是不当得利行为还是不正当使用行为,商标淡化对驰名商标的侵蚀无疑是巨大的。

在同个行业内,由于注册商标领域的差异而导致商标被搭便车使用所产生的纠纷已然复杂难决,更不用提有协同创新紧密联系的各个企业之间的纠葛了。创新主体协作研发推出某个产品,如果此项产品在业内具有很高的知名度,抑或参与研发的某个企业具有很大的知名度,某些投机取巧的协同创新参与者就会打着这些旗号经营自己的产品,尽管能够在短期内扩大市场,但其明显违法或者打着法律擦边球的行为却始终是企业自制的定时炸弹。仿冒商标者恶意行为往往发生在协同创新中后期,在合作达到一定深度后才借着知名商标合作伙伴的商誉提升自身的影响力。由上可知,知识产权尤其是商标的仿冒、淡化所产生的危害是双重的,并且是持续的,这对于各合作主体的发展和联盟的维护稳固,都会产生难以估量的消极影响。

五、协同创新的知识产权反垄断风险

知识产权中的反垄断风险是一个全新的有着重要意义的问题,也是一个敏感、复杂、富有挑战性的问题。这涉及如何理解反垄断法与知识产权法之间的复杂关系。长期以来,对于反垄断法与知识产权的关系,特别是如何最大限度地处理行使知识产权的行为,众说纷纭。在我国反垄断立法过程中,有人根据知识产权法律垄断的性质,主张反垄断法不应规定知识产权问题,或者只明确知识产权是反垄断法的专属适用领域;有人认为反垄断法应当适用于知识产权领域,但也对知识产权的行使做出了具体规定,应当严格限制。目前,我国《反垄断法》已经解决了这方面的原则问题。该法第五十五条明确规定,经营者依照有关知识产权法律、行政法规行使知识产权的行为,不适用本法;但是,滥用知识产权的行为,适用本法。这不仅确立了我国反垄断的基本法律制度,而且确立了反垄断法适用于知识产权领域的基本原则。

近年来,华为诉 IDC 专利垄断案成为我国首例标准必要专利使用费纠纷案,是在我国知识产权反垄断尚且经验薄弱的背景下取得的巨大成功。

---

① 苏志甫.“企业名称”反不正当竞争法保护的分歧、反思及建议——基于若干不正当竞争司法判例的实证研究[J].竞争政策研究,2017(3):43-54.

2011 年,美国互动数字公司(IDC)向国际贸易委员会(ITC)提出针对华为等厂商的"337 调查"请求,并提起专利诉讼,试图让华为等中国企业支付巨额许可费。在这方面,华为对 IDC 滥用知识产权采取了一系列法律行动。同年,华为向深圳市中级人民法院提起两起诉讼;2013 年 5 月,华为向国家发改委提起诉讼,申请对 IDC 进行反垄断调查。最终,法院认定 IDC 构或滥用市场支配地位,判令其赔偿华为 2000 万元人民币,裁定 IDC 中国标准基本专利许可率不超过 0.019%。经过近一年的调查,国家发改委发现 IDC 涉嫌滥用其在无线通信标准必要专利市场的主导地位,并对中国企业采取包括设定不公平的高额许可费在内的垄断行为。2014 年 5 月,国家发改委依据《反垄断法》第 45 条的规定对 IDC 公司做出中止调查决定,并监督 IDC 履行职责,如不得向中国企业收取歧视性的高价许可费,不以标准基本专利约束非标准基本专利,不要求中国企业免费提供专利反许可,不直接寻求强迫中国企业接受其非标准专利的合理许可条件等承诺。此案开创了中国知识产权反垄断案件的先河,对通信行业解决知识产权滥用问题产生重要影响。①

激励创新是知识产权保护的核心所在,维护竞争是反垄断的原则精神。在我国,虽然知识产权领域被反垄断法进行明确规定,但如何平衡激励创新与维护竞争却依然复杂而敏感。尤其是,我国《反垄断法》第五十五条过于抽象,没有明确规定什么样的行为属于正确行使知识产权,什么样的行为属于滥用知识产权排除、限制竞争的违法行为。该法的规定过于原则化,既不能指导执法机关进行涉及知识产权的反垄断执法,也不能为经营者从事涉及知识产权的市场竞争活动提供指导。并且我国反垄断法在法律适用和执行上与国外发达国家和地区相比,都缺乏相应的经验,这就大大增加了用法执法的误差率,对于知识产权的保护和反垄断的执行都是一项全新的课题。

总的来说,知识产权保护与反垄断执行虽然存在模棱两可的区域,但其实两者殊途同归,其目的都是为了规范市场秩序,两者略有不同体现在前者以保护手段促进创新,后者是以拒绝手段促进竞争。另一个关系到我国反垄断法在知识产权领域实施的基本问题是知识产权与市场支配地位的关系,这直接涉及在反垄断法中如何对待知识产权的特殊性,进而决定是否适用反垄

① 张武军,张唯玮,郭宁宁.标准必要专利权人滥用市场支配地位的反垄断问题研究——以高通案为例[J].科技进步与对策,2019,36(7):131-137.

断法对相关行为进行规制。在这方面,一个成功的案例是,2014 年 11 月,国家发改委对高通公司展开反垄断调查,确认高通公司在 CDMA、WCDMA、LTE 无线通信标准和基带芯片市场等必要的专利授权市场上具有支配地位,并实施了三次滥用市场配置地位的行为,违反了我国反垄断法的有关规定,公司受到处罚。从反垄断与知识产权的特殊关系方面来讲,协同创新过程中产生的知识产权毫无疑问存在相对更大的反垄断风险。另一方面,协同创新参与者贡献出具有一定市场占有地位或者是潜能的资源,尽管参与者立足在不同的领域,但至少相对于共同研发的产品是享有一部分共同的利益,这在一定程度上就会使外界产生形成垄断联盟的联想,而这种不利的联想对于反垄断执法者而言更容易影响其产生不利于协同创新联盟的判断。

第二节　基于协同创新的知识产权社区化保护

一、协同创新知识产权保护的趋势:由平台化运作到社区协同

基于协同创新的知识产权服务平台应当是根据社会经济发展需求和企业技术创新需求而开发,直接面向各级政府部门、企事业单位提供专利信息检索、统计分析和深层次的信息挖掘及利用等服务。依托综合服务平台,能够开展特色产业专利信息服务,通过专利信息服务分中心、专利信息服务站的建设,形成规模化的多层次、立体化的专利信息服务共享体系。①

基于协同创新的知识产权服务平台具有形成创新社区保护的潜能。②通过知识产权平台之上的资源及服务共享,可以防止类似项目在各级管理部门、专业市场和大中型企业盲目、低水平重复投资建设。依托平台,根据区域产业特色、产业布局特点,针对重点行业或技术领域进行行业知识产权发展

---

① 黄晓斌,陈俊恬,张小庆.我国科技情报网络服务的现状与创新——基于科技情报机构网站的调查分析[J].情报理论与实践,2015,38(11):1-5.

② 洪闯,李贺,彭丽徽 等.基于链接分析的企业开放式创新平台网络影响力评价研究[J].情报理论与实践,2018,41(12):104-109.

战略分析,为企业提供个性化的增值服务,创造直接经济效益。依托平台,为企业提供深度加工的专业化、个性化专利信息专题库,提升其专利技术创新、运用、保护和管理能力。企业利用知识产权专题库,可自行快速方便地检索有针对性的专利信息,获取关键技术,提升研发起点。依托平台开展的个性化的企业专利专题库定制、竞争对手的专利战略分析等服务,有利于企业的可持续技术创新。广大发明人、各类科研人员可随时快速检索相关专利信息,浏览行业或技术领域专利分析报告,利用最新专利技术信息,及时了解和跟踪国内竞争对手的研发情况,掌握相关产品的发展动态,进行高水平的跨越式研发,创造出具有自主知识产权的技术成果,提升企业的自主创新能力。依托平台开展的行业专利战略分析和行业专利专题库的定制服务,有利于行业研究制定新兴产业、重点产业的专利战略决策,培育拥有自主创新能力、具有国际竞争力的大企业(集团)、大型骨干企业,支持、推进中小企业创新发展,从而提升区域产业竞争力。

二、协同创新联盟的知识产权社区化保护遇到的障碍与制约因素

知识溢出对产业集群技术创新的激励是有条件的,产业集群内的知识溢出应该得到适当的补偿,而不是完全抑制,要依法维护创新者在知识溢出过程中的合法利益。[①] 在产业集群创新的激励政策中,除了知识产权保护外,还有知识补贴制度等。任何一项政策都有一定的适用范围,因此建立一个综合激励机制体系显得尤为重要。[②] 如果缺乏足够的知识产权保护,那么为促进技术应用发展而进行的投资就会出现偏差,就不是最优选择。[③] 然而,如果知识产权保护过强或者不确定,那么由于企业经营活动可能随着其他人的知识产权权利宣示而做出改变或停止,可能会对企业经营

① 张聪群.集群创新:优势与知识溢出所产生的双重影响[J].宁波大学学报(人文科学版),2005(5):32-36.

② 杨皎平,纪成君,吴春雷.产权保护下的集群创新与知识溢出研究[J].软科学,2009(10):78-82.

③ Arrow K J. Economic Welfare and the Allocation of Resources for Innovation[M]// The Rate and Direction of Inventive Activity: Economic and Social Factors. New York: National Buleau of Economic Research Inc. ,1962:609-625.

活动带来不应有的阻碍。① 由此,外部协同合作就显得非常重要,而知识产权就是重要的协同网络建设过程中的博弈工具。②

"反公地悲剧"使得专利资源无法得到有效利用,这是所有相关专利权人的一种损失。虽然专利丛林的存在可能给部分专利权人带来盈利机会,但由于交易成本高、不确定性大,从长远来看是不经济的,更不会给其他相关企业带来严重阻碍。因此,如何避免专利丛林,克服"反公地悲剧",是专利权人和相关企业的共同心愿。专利联盟根据各相关专利权人签订的放弃专利排他权以共享专利的互惠协议③,将成员专利集中管理以统一对联盟内外授权,从而实现了各专利权人之间的专利共享。虽然最早的专利联盟(缝纫机联盟)出现在 19 世纪 50 年代的美国,其本质只是相关专利权人之间的一种互惠组织,而不是为了给联盟之外的企业制造"专利丛林"。然而,专利联盟客观上通过专利技术组合,起到了阻碍外部竞争的作用;并且随着技术复杂化和专利规模的扩大,对现代企业来说这一阻碍作用更为显著。此外,在现代技术背景下,还有一系列因建立专利联盟而产生的新型经济壁垒,包括:正反馈(positive feedback)引起的网络效应(network effect),技术标准化(standardization)引起较高的转换成本(switching costs)而带来的锁定(lock－in)效应,敲竹杠(hold-up)和双重边际(double marginalization)引起的高交易成本效应等。④

但是要注意,组建知识产权联盟对知识产权权利进行社区化保护的时候,不能触及反垄断法的底线。即使在高科技时代鼓励专利联盟,相关的监管政策仍然有效。如果专利联盟的形成和行为导致行业垄断或价格控制不合理,也可能面临分裂的命运。例如,Summit Technology 公司和 VISX 公司分别拥有眼部激光手术的专利。他们的专利联盟规定,每个激光操作需要向联盟支付 250 美元的许可费。但 FTC 认为这两个公司在 1998 年的

---

① Chien C V. Of Trolls, Davids, Goliaths, and Kings: Narratives and Evidence in the Litigation of High-Tech Patents[J]. Social Science Electronic Publishing,2009(87):1573-1574.

② Waag L. Factors Related to Acquiring Capital in Young Biotechnology and Biomedical Firms[C]. 13th Nordic Conference on Small Business Research,NCSB 2004 Conference,2004.

③ Andewelt R B. Analysis of Patent Pools under the Antitrust Laws [J]. Antitrust Law Journal, 1984,53(3): 611-614.

④ Shapiro C. Navigating the Patent Thicket: Cross Licenses, Patent Pools, and Standard Setting [A]//Jaffe A, Lerner J, Stern S. Innovation Policy and the Economy, Volume I. New York: MIT Pree, 2001.

专利池竞争中是不合法的。也就是说,虽然管理者允许高科技产业以专利联盟的形式解决高成本问题,但他们仍然不能容忍与专利联盟相关的市场垄断。专利联盟是由不同专利权人组成的统一对方专利权、统一对外授权的正式或非正式组织。合理使用专利可以消除壁垒,降低诉讼成本和边缘溢出效应,分散专利联盟成员之间的风险,可以看作是减轻(专利丛林化)的一种有效的解决途径,在发达国家已经得到了广泛应用,在生物技术产业内也正在发展之中,我国企业应当紧紧抓住生物技术产业发展的战略时机,增强优势产业的技术研发和自主创新,并在核心技术具有领先优势的产业积极组建专利联盟,促进相关产业的发展和国际地位的提升,总体上提高我国高技术产业的国际竞争优势。对于如何借助专利联盟促进高技术产业的发展,尚处探索阶段。在有关立法方面,我国虽然已经出台了反垄断法,然而其中并无有关专利联盟的条款。这是需要在今后的实践中加以提升完善的。

第三节 协同创新知识产权法律风险防控对策建议

一、建立协同创新知识产权评估机制

知识产权服务作为一项具有深远意义的新型服务体系,其对知识产权保护和维权的支撑作用日益凸显。协同创新是各方物力、人力、财力、智力的交叉,前三者易于量化,唯有智力的投入难以度量,知识产权的经济价值具有后显性,表现在知识产权的价值体现在被投入使用后,而知识产权从诞生到产生效益到得以衡量具体价值的周期远远长于有形投入。此外,知识产权一旦整合使用,之后对单个知识产权进行评价会陷入不可预见的混乱。而协同创新联盟恰好是知识产权以上两个负面特性相互交融的集合地,也是协同创新知识产权法律风险的诱因之一。对于这两个特性,最理想的状态是建立联盟内部评价标准,此标准可借鉴通用知识产权评估标准,但有所不同的是需考量此项知识产权对进程推进的贡献程度。

企业、科研机构、发明人等创新主体需要深刻理解知识产权既是法定权利、更是商业工具的本质。相关主体必须深谙并用好知识产权的国际规则，方能通过知识产权保护好自己的创新成果并创造商业价值与社会价值。知识产权价值评估分析与商业交易谈判是创新价值实现生态链中的决定性环节。[①] 如果说对知识产权逐个进行评价过于繁杂且必要性不高，那更加优化的方案是建立知识产权等级评价制度。各协同创新参与者在进行合作前，可进行协商确定划分知识资产等级的标准，有针对性地提高相关知识资产的保护程度。相应地，涉及公司或院校核心机密的高级知识产权可有偿但低于市场价格供其他参与者使用，外围边缘化的一般知识产权可供免费使用。无论是进行具体评价还是等级划分，都能将知识产权的后显性和模糊性所产生的消极影响危害最小化。

二、建立协同创新知识产权联合预警及协商机制

高校重视技术背后的理论研究，而企业更关注新技术应用所产生的经济效益。[②] 两者侧重点的不同是合作过程中产生纠纷的隐患之一，在协同创新过程中，高校研发出一项新的技术成果后的第一时间并不是将其专利化，尽快投入市场转化为经济利益，而是考虑在第一时间内将其以论文形式发表以提高声望甚至获取额外的经济效益。但企业基于商业机密的考虑，专利的曝光时间与其产生的经济效益是成正比的，这就与高校追求第一时间公开创新成果产生了冲突。协同创新知识产权风险具有涵摄场域国际性与多元性、专业综合性与技术交叉性、利益保护隐秘性与紧迫性等特点，知识产权风险防控意识不足、自身的知识产权实力较弱以及知识产权制度建设薄弱等问题都影响着知识产权风险防控体系的构建。[③]

建立知识产权预警协商的目的，就在于在风险发生之前或者可预见之时以及纠纷发生时，协同主体能够在一个框架内商讨解决问题的方案。并且该机制制定时应有两个侧重点，即预警机制和协商机制，在不同的场合下构建不同的沟通框架，在耗费最小的时间成本和经济成本前提下保证联盟的稳固和进程的推进。预警机制侧重于降低时间成本，在合作之前建立针对可预见

①　刘斌强.价值评估与交易谈判助推知识产权运营[J].中国发明与专利,2019,16(12):57-62,73.
②　张武军,翟艳红.协同创新中的知识产权保护问题研究[J].科技进步与对策,2012(11):131-134
③　安俊衡,唐雄.自贸区企业知识产权风险防控路径探究[J].广西质量监督导报,2019(9):243.

风险的解决方案,比如对"公地悲剧"和"反公地悲剧"的防范等。协商机制主要目的是解决纠纷,重点应放在经济成本的缩减上,比如在联盟内部出现知识产权盗用、商标仿冒等问题时尽量减少双方的损失以及对联盟连带的损失。事前预警,事时协商是在保持合作推进的情况下预防和控制知识产权风险的有力手段。

三、完善协同创新联盟知识产权社区规则

存在于实体社区内的社会资本对集体知识共享和知识创造有促进作用。通过构建知识产权联盟,能够促进知识创新,提升和保持企业的核心竞争力,获得可持续发展能力和独特的竞争优势,而研究知识产权联盟的相关问题对于知识创新不仅具有积极的理论意义,而且对于我国企业应对知识经济的挑战,把握市场变化、寻求竞争优势、实现可持续发展,具有重要的现实意义。建立知识产权联盟的宗旨,是降低知识产权制度带来的交易成本增加,有效减少授权障碍和纠纷。[①] 协同创新联盟是知识产权联盟的一种特殊形式,相对于后者,前者具有目标清晰一致、合作弹性大等优势,但同时具有联盟结构不规范、规则不完善等劣势。在创新收入基数较大、企业单个项目研发投入相对稳定的条件下,研发资金投入比例的微小变化会带来创新绩效较为显著的变化,知识产权交易比例对创新绩效的影响高于专利产业化比例,知识产权交易比例对创新网络数量的变动趋势影响最显著。[②]

完善知识产权联盟的意义,在于既能单独对协同创新组织内部的知识产权进行保护,也能对协同创新联盟的维护发展提供必要的指导。由于产业链延长、分工越来越细,联盟内企业之间技术关联度越来越高,所涉及的知识产权逐渐形成了"专利丛林"。[③] "专利丛林"是一把双刃剑,其既能使"丛林企业"获得更大的经济效益,也会使其面临更多的纠纷。协同创新联盟内一旦出现此类纠纷,仅仅凭内部机制是解决不了的,此时能够借助的最好的工具,就是完善的知识产权联盟和社区规则,在更大的框架下解决诸如知识产权淡化、仿冒等纠纷。

---

① 任声策,陆铭,尤建新.专利联盟与创新之关系的实证分析[J].研究与发展管理,2010(4):50-54
② 夏恩君,朱怀佳,张明等.开放式创新社区网络的关键变量测度研究[J].北京理工大学学报(社会科学版),2014,16(3):43-50.
③ 王胜利.专利池及构建策略研究[J].改革与战略,2009(2):120-123

四、加强行业标准和国家法律、政策双重指导

企业、行业、地方、国家在不同层面上开展了协同创新工作,有效推动了合作研究及成果运用。但是在协作过程中,由于缺乏权威性的规范指引,合作主体安全感的缺失导致了协同创新产生表面化、距离感等反趋势现象。针对参与主体独立性较强、利益需求不同、体系归属差异等问题,在制定各级标准时应注重整合各方资源,积极引导行业企业立足自身优势,构建多元化合作模式,把握大局共赢基调,结合区域、产业特色,形成深度合作、共同协商、面广细微的行业或政府标准。

在依法治国大背景下,全面推进社会主义法治建设成为各级政府共同奋斗的目标,国家政策要在宏观层面上给予知识产权联盟支持。[①] 相对于行业企业标准来说,法律、政策具有强制和威慑等约束性功能,在汲取国际经验的基础上,认识到知识产权全局性、制度性、政策性方面的缺陷,融入部分行业标准,通过立法、制定政策等方式在国家、政府层面上给知识产权拥有者指明方向和设置底线,或者具体法律去模糊化,比如在专利法中明确限制滥用知识产权的情形,在反垄断法中加入防止滥用知识产权的内容等。

---

① 张昭庆,闫博慧.我国知识产权保护方式探究——联盟保护[J].石河子大学学报,2007(10):40-42.

第五章 产业导向的知识产权协同服务平台建设

第一节 产业导向的知识产权协同服务平台建设意义

一、协同创新方向选取的重要性与必要性

创新理论提出迄今已有近百年历史。时至今日,创新不仅仅是科技、教育和经济活动的重要元素,它与中国特色发展道路、实现中华民族伟大复兴的历史使命的关系越来越密切。当前,创新已成为经济社会发展的主要动力,知识创新已成为国家竞争力的核心要素。在这种背景下,各国为了掌握国际竞争的主动权,纷纷将人力资源的深度开发和实现创新驱动的发展作为战略选择。创新驱动发展已写入 2020 年国家中长期"科技规划纲要",成为加快转变经济发展方式、推动科学发展、促进社会和谐的重要政策。

纵观新中国 70 多年来科技的伟大成就,我国技术创新方面取得了长足进步,综合国力大大增强。但与发达国家相比,我国整体科技水平还存在较大差距,体制机制还存在诸多弊端。比如,企业没有真正成为技术创新的主体,自主创新能力不强,科技创新体系整体运行效率不高,科技创新资源的配置模式和评价体系已不能适应新形势下科技发展和政府职能转变的要求,阻碍了企业、产业和社会创新水平的全面提高。近年来,各地各部门在建立产学研一体化新机制方面进行了大量探索,出台了提高科研机构内部创新活动

协调整合能力的政策。相比之下,推进科研院所与高校之间的合作与资源整合进展不够明显,对更高层次的协同创新提出了迫切要求。

创新和知识产权的关系非常密切。毫不夸张地说,知识产权既鼓励创新,在某些情况下又可能制约创新的方向和进程。近年来,国内外利用知识产权尤其是专利进行市场博弈和打击竞争对手的案例层出不穷。这说明,企业光有一流的研发队伍和研发成果还不够,还需要掌握知识产权游戏规则,提升以知识产权为核心的创新管理,才能保障创新的过程和创新的成果,使企业在激烈的市场竞争中立于不败之地。围绕着创新管理的提升,知识产权信息服务扮演着越来越重要的角色,是企业进行技术吸收和技术追赶的有力媒介工具。为此,企业需要顺利渡过模仿阶段,合理规避专利壁垒,有效防范专利风险,了解技术和专利的最新动向,又好又快地开发具有自主知识产权的关键技术,而这些需求都需要通过建立多元主体参与的知识产权分析、决策、管理和咨询支持系统,让企业及时从系统中获取可资利用的深入、可靠的专利信息及科技情报来解决,需要政府部门、研究机构之间的通力合作来实现。因此,面向知识产权的创新服务平台建设具有重要现实意义。

产业集群的区域优势有利于协同创新活动的开展。然而,在产业集群创新实践中,分布式创新资源仍然缺乏有效的整合和组织利用。为了满足产业集群日益复杂和全面的创新需求,避免创新资源的重复建设,减少各创新主体在创新活动中获取分散创新资源的难题,集群内各创新主体必须采取相应的措施,以协同创新发展理念为指导,以跨系统集成为方式,在信息服务层面以共建共享创新资源为手段,推动产业集群跨系统协同创新发展,充分利用产业集群的创新资源,根据集群创新阶段性需求的特点组织和处理信息服务。[①] 同时,从国际化的眼光来看,知识产权服务业往往被视为激发企业创新的新兴产业。我国的知识产权制度体系定型较晚,社会知识产权保护意识和企业运用知识产权的能力相对薄弱,相应的知识产权服务仍处于早期发展阶段,与发达国家相比,服务能力和水平较低。以市场为导向的知识产权服务资源不能满足日益增长的创新市场和新兴产业发展的需要,也不能满足中国企业"走出去"参与国际贸易和国际竞争的需要。通过优化供给机制,创新服务模式,提高涉外服务水平,培养复合型高端服务人才,解决供需矛盾,已

---

① 严炜炜.产业集群创新发展中的跨系统信息服务融合[D].武汉大学,2014:1.

迫在眉睫。

二、知识产权信息服务国内外现状与发展趋势

在经济全球化背景下,知识产权(尤其是作为典型代表的专利权)已经成为国家参与国际竞争、开展博弈的重要工具性手段,其中的数据挖掘与分析等知识产权信息服务也将扮演着越来越重要的角色。为推动企业顺利渡过模仿阶段,降低本地企业技术同质化、低价竞争程度,需要多家知识产权研究和公共服务机构协作建立有效的分析、决策、咨询支持系统,让企业及时从系统中获取可资利用的可靠信息及科技情报,促进企业提升技术创新能力,已成当务之急。① 目前,关注知识产权获取过程中的信息利用功能的研究和提供此类服务的单位有多家,有的突出于技术服务,如专利检索机构;有的侧重于政策指导,如专利促进事业单位;有的主要开展理论研究和模拟实验,如高等院校和研究机构。上述单位的服务对象是同一类的,即存在知识产权需求的企业。其中高等院校不仅在智力资源上具有独特的优势,而且在理解和协助政府推动公共政策、合作开展研究和科技成果转化、与企业进行对接方面有较有利的条件。

知识挖掘(KDD)是在知识管理的基础上形成的更具实践性的范畴。一般来讲,它是从相当数量的数据集合中识别出有效的、新颖的、潜在有用的部分,并最终转化为可理解利用信息的过程。最有针对性的知识挖掘,是围绕着知识产权信息而开展的专门性工作。然而需要注意的是,有用的技术信息往往都是存在于海量的数据中,这些数据由于没有统一的标准和目的性,所以可能外在表现为不够完整、有噪声、模糊化,同时具有一定的随机性。然而,利用大数据技术手段,有目的地提取其中部分信息,并将潜在数据转化为定向知识资源,其现实意义是毋庸置疑的。基于数据挖掘的知识产权信息分析是以知识产权信息为研究对象,对知识产权信息的内容进行整合和数据化,并对其进行进一步的处理和分析,识别出有效、新颖的知识产权信息的过程,潜在有用且最终可理解的知识。在具体的技术思路上,我们可以借鉴关联分析、分类预测、聚类分析、趋势和进化分析等方法,运用 Apriori 算法、遗

---

① 胡冬雪,陈强.促进我国产学研合作的法律对策研究[J].中国软科学,2013(2):154-174.

传算法、粗糙集、模糊集以及神经网络中的各种算法,对知识产权信息的文本内容、引文和数量进行分析,研究它们之间的相互关系,进而对特定技术做出趋势预测。我国经济社会的持续稳定发展的副产物,就是对知识产权这一知识成果的法律表征形式的重要地位越来越重视。随着越来越多的国家行业或企业对专利的日益重视,相关研究成果和机构组织的数量预计将保持快速增长趋势。

三、知识产权服务技术的发展历程和趋势

知识产权与标准一体化运营服务平台建设需求,应区域经济特色和中小企业创新发展而生。基于资源云(数据云、专家云、机构云等)的知识产权与标准一体化服务模式,突破基于本体的知识管理技术、知识产权资源云语义组织技术、数据深加工及专业化服务技术等核心关键技术,以现有知识产权、标准质量服务系统和平台为基础,研发面向柔性需求的生产性服务业平台系统,整合各类型知识成果和标准资源,提供共性服务(包括:检索、交易、维权、认证、规范化管理等)和专业特色服务(包括:个性化知识产权地图、知识产权与标准化战略分析与布局等)。通过网上服务和线下服务相结合、公益服务与增值服务相结合、应用示范与协作推广相结合的模式,培育以知识产权与标准化为特色的生产性服务业,形成可持续发展的现代服务创新业态。

应研究建立以"激励创新、提升核心竞争力"为目标,以多方知识产权与标准化专业服务机构为主干,面向区域企业、高校、科研院所等,以全程专业服务为特色的知识产权与标准化服务模式,突破当前生产性服务业中咨询公司、中介服务机构等组织的服务能力不足、服务面窄、盈利不可预期,以及企业知识产权利用水平低、标准化程度弱、创新意识和动力不足等问题,为企业和社会提供信息查询、预警、专题分析、代理、托管、培训、投融资、维权援助等与知识产权与标准化相关的全方位服务,贯穿市场运营活动的各个环节,建立知识产权价值链和标准化价值链,对知识产权和标准化管理形成支持、知识产权与标准联盟布局一站式服务阵列。① 在盈利模式方面,探索建立知识

① 李伟,董玉鹏.协同创新知识产权管理机制建设研究——基于知识溢出的视角[J].技术经济与管理研究,2015(8):31-35.

产权公益服务与增值服务相结合、多渠道的知识产权服务模式,形成科学合理、可保证知识产权服务体系持续运行的运作机制。

知识产权服务体系以政府主管部门、高校科研院所、行业协会、中介服务机构等组织为服务载体,以产业及企业(尤其是战略性新兴产业、高新技术企业)为主要服务对象。知识产权服务体系包括代理,战略咨询,许可交易,投融资,信息分析,法律事务,人才培养等多个方面。[①] 如果把全球产业链看作一条"微笑曲线"的话,那么目前我国产业及企业总体上尚处于全球分工价值链的低端,主要负责生产加工环节。而发达国家的跨国公司,则处于价值链的前端和,垄断了市场开发、技术方案、产品设计、营销方案设计等环节,瓜分走了大量的利润,留给生产制造环节的利润,只有 5%～10%。从国内看,知识产权服务体系建设是经济增长方式转型的重要抓手。[②] 建立健全服务于我国企业(尤其是制造业中小企业)的知识产权服务体系,对于固化知识产权、促进技术创新有着极为关键的作用,是加快转变经济发展方式的重要支撑。

近年来,我国在知识产权的服务平台建设方面取得了突破性进展,知识产权实现市场价值的途径就有了系统的战略性机制支撑。在我国很多产权交易机构中,已设立了知识产权交易业务,上海市和天津市成立了专业化的知识产权交易所。随着更多国家、更多行业、更多企业对专利的重视和需要,相关研究机构和研究成果也会快速增长。[③] 现代信息技术是发展高端知识产权信息应用系统和产品的重要手段,知识产权信息检索和分析产品研发中,通过广泛应用语义检索、机器翻译、文本聚类、跨语言检索、自动标引等自然语言理解技术,显著提高了知识产权信息深度挖掘的应用水平。[④] 知识产权服务的主要内容是为用户提供软件产品、文字报告或者咨询服务等,以无形产品为主要产出成果,很难建立起统一的评价标准,这在一定程度上也影响了高端知识产权服务的发展,所以应完善行业发展所必需的行业标准和管理规范,使知识产权服务在有章可循的条件下健康发展。然而,关于"知识产

---

① 洪群联.我国知识产权服务体系发展现状与战略思路[J].经济纵横,2011(11):44-49.
② 洪群联.我国知识产权服务体系发展现状与战略思路[J].经济纵横,2011(11):44-49.
③ 王璐瑶,鄢小燕.中国网络化专利信息的发展现状及趋势研究[J].图书情报工作,2006(6):76-78.
④ 台新民.我国专利信息服务业发展现状与对策研究[J].生产力研究,2011(5):139-141.

权＋标准"一体化服务的体制机制,目前我国尚未系统建立起来。

四、我国各地知识产权服务平台现状比较

目前,我国知识产权服务平台大致可以分为两类:一类,只具有单一的检索功能,即平台整合了世界上各个国家和多个知识产权组织的专利数据库,检索方式大同小异,最大的区别是整合的国家数量不同,有的只有几个国家的数据,而量大的可达近百个。另一类,平台包含的功能比较齐全,除知识产权信息服务外,还包括知识产权评估咨询、展示交易等。

(一)中国技术交易所 IPOS 平台

2009 年 8 月,经国务院批准,中国技术交易所利用所在地北京中关村国家自主创新示范区先行先试的政策优势,牵头组建了 IPOS 平台。IPOS 平台由中国技术交易所、国家知识产权局知识产权出版社、北京东方灵盾科技有限公司、北京大学知识产权学院和多家专业知识产权中介服务机构共同构建。作为第四方服务平台,IPOS 平台的目标是为政府、企业、科技园区、科研院所和各类投资机构提供优质、全面的知识产权服务,协助用户强化知识产权意识,提高管理水平,加快知识产权商品化的效率。[①] 该平台是实施国家知识产权战略的市场驱动平台,汇集了国内外具有丰富经验的知识产权数据提供者、律师事务所、会计师事务所、咨询机构、培训机构的中介服务资源。根据客户的不同需求,平台可分为六层:原始数据层、深度处理数据层、支持能力层、服务产品层、服务个性化需求层,为不同产业、不同地区、不同企业提供知识产权"一条龙"服务,同时也为各种科技中介服务机构提供服务。平台为其上各类服务机构建立了信用评价体系,可以作为用户选择服务主体和服务内容的参考。平台下设专家库和会员机构,会员机构向平台推荐该机构所属的专家,只有经过平台认证的专家才能在平台上为会员提供服务。

(二)江苏省知识产权公共服务平台

江苏省知识产权公共服务平台是江苏省专利信息服务中心下设的综合

---

① 王明浩.我国首个知识产权一站式服务平台启用[N].人民日报,2010-08-18(06).

性、公益性知识产权公共服务平台。平台建设的前期基础组织有:江苏省知识产权信息中心、中国(江苏)知识产权维权援助中心、江苏省知识产权服务中心、江苏省知识产权研究会、江苏省知识产权保护协会和江苏省发明协会,共计6大服务机构和社会团体。该中心成立于1998年,是全国首批成立的公益性专利信息服务机构。服务平台集成了知识产权战略研究、检索、教育培训、法律援助、评估和交易等多种功能,具有在线数据库建设、在线分析、失效专利库、在线翻译等知识产权拓展工作模块。开设了"知识产权一网"栏目,建立了汽车、纺织、医药等6大行业特殊专利数据库,汇集了国内外知识产权领域的资料数据信息、法律法规、知识产权服务机构信息以及相关专业书籍,具有知识产权"一站式"服务的特点。平台以江苏省为源点,能够辐射到整个华东地区。

(三)广东省知识产权综合服务平台

广东省知识产权综合服务平台提供的是"一站式"综合服务。广东省知识产权综合服务平台由广东省知识产权信息中心于2012年3月建设完成,同时建成广州、深圳、汕头等6个地市一级的知识产权信息子平台,以及韶关、湛江等14个市级子站。① 以上知识产权服务平台的架构布局基本上实现了向广东省企业及社会公众提供七国两组织(中国、美国、日本、英国、法国、德国、瑞士、欧洲专利局、世界知识产权组织)专利基本信息检索服务目标。目前,平台拥有3200万条数据,占世界知识产权信息总量的60%。该平台检索访问的专利总数达到800万页/次,为广东省公众提供权威丰富的专利信息检索服务。② 平台根据广东省知识产权需求,将科技文献、专利、商标、著作权、标准信息进行整合,并将服务和人才培养纳入其中,能够提供信息查询、信息成果展示、成果交易、宣传培训、保护的功能,满足企业在知识产权信息感知、知识产权利用、知识产权风险防范方面的需求。③

---

① 魏庆华,徐宇发,陈宇萍.拓展职能提升服务——建设广东省知识产权综合服务平台[J].中国发明与专利,2009(6):8-11.

② 魏庆华,徐宇发,陈宇萍.拓展职能提升服务——建设广东省知识产权综合服务平台[J].中国发明与专利,2009(6):8-11.

③ 李瑞,杨波.知识产权质押融资:广东模式、经验与思考[J].时代金融,2016(30):55-57,64.

(四)温州市知识产权服务园

温州市知识产权服务园是由温州市科技局(知识产权局)、浙江工贸职业技术学院共同建设的知识产权服务业集聚发展平台,于 2009 年 3 月获得温州市政府批准。园区聚集了 20 多家知识产权代理机构、培训机构、研究机构、交易中介机构、律师事务所、法律援助中心、知识产权协会组织、公共信息平台、银行等服务机构,形成了知识产权信息服务中心、中介服务中心、展示交易中心、维权援助中心、人才培训中心、质押融资中心等服务中心。温州市知识产权服务园的知识产权服务范围打造了知识产权信息服务、中介服务、展示交易、维权援助、人才培训、质押融资 6 个中心,全面助力温州民营经济创新发展。①

(五)包头知识产权一站式服务联盟

2011 年,为一站式、全覆盖解决企业在生产经营中遇到的知识产权事务,加速知识产权成果转化和产业升级,包头在全国范围内率先成立了"知识产权一站式服务联盟",联盟成员包括国家知识产权培训中心、知识产权出版社等 16 家专业中介机构,联盟以"包头国家稀土知识产权信息中心"为窗口,以国内外专利全文信息数据库和稀土全文知识产权信息专题数据库为基础,采取全天候服务和定期服务方式,先后为本地 300 余家企业、院所提供了培训、咨询、检索和申报等知识产权服务。通过"一站式服务联盟",稀土高新区进一步实施了"企业知识产权托管工程""稀土产业创新方法应用项目""企业知识产权经理人培育工程"和"知识产权双周讲座"等项目。下一步,稀土高新区将整理知识产权服务机构的服务范围并汇编成册,明确服务内容和服务标准,为更好地服务企业奠定基础。

总体而言,近几年我国在知识产权的综合服务平台建设上取得了突破性进展,但在以下几个方面还需要进一步探索:在运行模式上,如何更好地服务中小企业需求,发挥中介机构的能动性,实现公益性和营利性的有机融合;在平台内容上,如何有效融合版权、商标、专利等主要知识产权内容;在提供一般信息咨询、查询等服务上,如何提供信息加工、版权备案监控、知识产权标

---

① 周大正.知识产权服务园助力优化营商环境[N].温州日报,2018-09-27(04).

准化管理等深度服务。

第二节 产业导向的协同创新知识产权
服务平台建设思路

一、产业导向的协同创新知识产权服务平台近中期建设目标

产业导向的协同创新知识产权服务平台内部包含不同类型的知识产权服务机构或功能模块,属于开放型、跨界合作和网络化的知识产权服务联盟主体架构。[①] 应构建面向创新主体科研全过程和面向创新主体间协同合作的纵横交错的知识产权服务流程,最终形成行业协同发展以及区域协同发展的知识产权服务运营模式。[②] 产业导向的知识产权协同服务平台,应当以知识挖掘与创新管理为功能主旨,以如何借助知识产权信息的高效获取和利用来夯实创新的基础,如何促成知识产权的获取和保持来固化创新的成果、如何提升知识产权管理的规范化和标准化来增强创新的动力等为主要功能。平台的建设应突出协同创新体的科研特长及产学研紧密合作的特点。产业导向的协同创新知识产权服务平台近中期建设发展目标,可以总结为:以促进知识产权向现实生产力转化为方向,以高端人才、服务平台、金融资本等为支撑,打通知识产权创造、保护、运用、管理和服务全链条,构建知识产权运营服务生态体系。

应结合区域经济特色和中小企业创新发展需求,研究基于资源云(数据云、专家云、机构云等)一站式知识产权云服务模式,并对现有知识产权服务平台、服务机构及服务资源进行整合,构建技术项目融合、服务渠道畅通、集成应用创新的、基于云服务面向中小企业的知识产权一站式服务系统,整合

---

① Greenhalgh C, Rogers M. Innovation, Intellectual Property, and Economic Growth[J]. Science-Technology and Management,2014,6(5):347-348.

② 李杉杉,高莹莹,鲍志彦.面向协同创新的知识产权服务联盟研究[J].图书馆工作与研究,2018(3):41-46.

各类型知识产权资源,提供共性服务(检索、交易、维权、标准化管理等)和专业特色服务(个性专利地图、专利战略分析、版权监测与保全等)。通过线上服务和线下服务相结合、公益服务与增值服务相结合、应用示范与协作推广相结合的模式,构建主体多元化、多方共赢的知识产权服务价值链,提高知识产权信息资源利用率,促进知识产权技术交易的发展,增强科技服务机构和企业的服务能力,形成可持续发展的现代服务创新业态,加快知识产权服务产业的发展。

二、产业导向的协同创新知识产权服务平台建设需求分析

(一)建设知识产权服务平台是贯彻落实国家和区域发展战略的现实要求

2008 年发布的《国家知识产权战略纲要》中,提出了构建国家基础知识产权信息公共服务平台的要求,该任务的分解可谓环环相扣。细化其中几个要点来看:建设公共服务平台的基础性工作,是建成高质量的专利、商标、版权、集成电路布图设计、植物新品种、地理标志等知识产权信息库;更进一步,是在吸收世界范围内优秀知识产权检索数据库的基础上,开发适合我国实际情况所需的知识产权通用检索系统;就数据库的分布形式来看,各地方、重点行业知识产权信息库的建设也不能忽略;进而,实现我国知识产权信息服务系统集成、资源整合和信息共享。① 在 2021 年 3 月发布的《中华人民共和国国民经济和社会发展第十四个五年规划和 2035 年远景目标纲要》第七章"完善科技创新体制机制"中,更是专门就健全知识产权保护运用体制进行了表述,其中明确:要完善无形资产评估制度,形成激励与监管相协调的管理机制,构建知识产权保护运用公共服务平台。

(二)建设知识产权公共服务平台是加快知识产权服务业发展的重要手段

知识产权服务业是为知识产权的取得、使用和保护提供相关服务,促进

---

① 冯惠玲,赵国俊,钱明辉.中国信息资源产业发展与政策[M].北京:中国人民大学出版社,2017:436.

知识成果的权利化、商业化和产业化,提高产业核心竞争力的一种新型业态。它是高技术服务业的重要组成部分,也是现代服务业的重要组成部分。加快建设知识产权公共服务平台,也是建设产业创新支撑体系、提升企业核心竞争能力的一项重要措施。

建设知识产权公共服务平台,充分应用信息技术,能有效优化社会资源配置、提升中介机构服务能力、提高企业知识产权利用水平,从而形成覆盖面广、技术水平高、服务规范的知识产权服务体系,形成主体多元化、服务专业化、公益性与营利性相结合、可持续发展的创新业态,是加快知识产权服务业发展的重要手段。

(三)建设知识产权服务平台是支撑中小企业创新发展、提升国际竞争力的重要途径

知识产权是一种基础性、战略性资源。[①] 它集技术、法律、市场等信息于一体,还包含了与发明创造相关的技术方案。根据世界知识产权组织的统计,世界上90%的技术成果可以在专利文献中检索到。中小企业摆脱原有技术水平、同质化严重的传统生产模式,需要不断提升企业创新能力,离不开知识产权服务。但还有相当多的中小企业不重视知识产权建设或没能力推进知识产权发展战略,使得企业在国际竞争中处于劣势。如2010年9月,苹果公司在加州北区的联邦地区法院起诉充电器制造商——宁波三合公司(Sanho Electronics Technology Co., Ltd),认为被告侵犯 US7517222、US7627343、US7751853、US7783070 专利和 USD588545、USD618178 专利。宁波三合公司生产与苹果公司产品配套的充电装置,并通过网络贩卖,但并非苹果公司授权的制造商。为尽早避免这类专利纠纷的发生,建立有效的知识产权服务体系,提升企业知识产权认知、利用、保护水平,提升创新能力,规避风险,已成当务之急。通过上述案例可以看出,知识产权服务平台能有效整合区域知识产权服务机构和企业、聚合相关资源、提升资源利用效率,进而形成区域知识产权服务体系,从而为中小企业创新发展提供服务。

---

① 董玉鹏,包逸萍.专利信息服务标准规范体系构建研究[J].中国科技论坛,2013(9):97-101.

（四）我国现有知识产权服务平台存在严重不足，需大力推进知识产权一站式服务系统建设

建立知识产权服务平台不仅是国家和区域发展战略的环节之一，同时也是企业提升创新能力、规避风险的必要条件，然而我国知识产权服务平台存在着严重不足，尚不能很好满足企业的现实需求。主要表现在：知识产权服务平台建设缺乏有效的专家服务体系支撑，常出现平台建设与后期服务断层；各知识产权服务平台没能有效整合社会资源，为区域经济发展和企业知识成果转化与保护需求提供有效服务；平台运营模式不明确，没有形成知识产权增值服务价值链，无法实现长效运作滚动发展；缺乏"一站式"的信息服务模式，无法有效引导企业针对自身面临的各类知识产权问题寻求合适的解决途径。

因此，建立综合性知识产权服务平台已成为目前发展中小企业发展的迫切需求。应在现有服务平台建设基础上，结合社会和企业的应用需要，拓展服务功能，创新服务模式，加强服务机构合作。以专利、商标、著作权等知识产权制度为基础，以中介机构、高校、行业协会等组织为服务载体，以中小企业为主要服务对象，提供代理、评估、质押等服务，以及风险投资、预警、展示交易、执照培训、诉讼、维权、信息等专业知识产权服务。

综上所述，一站式知识产权服务平台的建设不仅符合国家、区域发展战略的需要，更是为中小企业提高技术创新能力、提供全方位服务的强力媒介。通过平台的应用推广，可以促进知识产权服务体系的完善，加快知识产权服务产业的发展。

三、产业导向的协同创新知识产权服务平台重点建设任务

当前是国际政治经济、国内转型发展、技术产业革命三大领域交叠变革的新时期，对我国知识产权战略建设提出了巨大挑战。在研判创新规则发展趋势、明确自身定位的基础上，应进一步做好顶层设计，科学确定我国知识产权战略现阶段目标，应对社会变革、新兴技术发展带来的一系列挑战。[1] 我

---

[1]　杜宏巍.我国知识产权战略面临的挑战与对策[J].宏观经济管理，2020(3)：61-66，79.

国知识产权战略激励了创新活动,能够保护创新。但是,行政保护和产权保护这两种保护机制很难对创新成果起到改善的作用。[①] 应深入分析《国家知识产权战略纲要》以及相关政策的理论支撑情况、政策环境情况、政策学习情况、政策执行效果等情况,对区域科技规划和技术创新战略环境进行审视,梳理协同创新组织所在区域政策配套情况,开展区域科技政策制定与执行的绩效评价、从事区域科技创新促进政策比较等。

产业导向的协同创新知识产权服务平台建设要夯实的是数据基础。要形成以知识产权促进为中心的"信息源泉",即提供知识产权情报信息挖掘与知识产权发展预测服务。具体内容包括:知识产权情报挖掘分析、知识产权信息服务标准制订与推广、专利技术预见与路线图制定等。完善知识产权资源云建设,则是知识产权数据资源基础建设的后续任务要求。应紧密结合区域产业经济特色,围绕分散的知识产权信息及服务,建立一系列知识产权数据库,形成面向不同专业化领域的知识产权服务云。具体应包括面向不同行业的专利库、商标库、版权库、著作权库、集成电路布图设计库等知识产权信息库,打造面向不同领域的专家、中介服务机构、客户资源的接口,实现数据库与实用平台的无缝对接。

产业导向的协同创新知识产权服务平台在数据运用方面,应注意知识产权信息服务规范制定与推广,以当前该领域的技术发展需求为依据,开展国内外知识产权信息的组织、存储和加工服务规范现状和趋势研究,探索建立知识产权信息加工和服务规范体系,进而为协同创新知识产权服务平台的数据交换、安全运行、服务流程等提供规范保障。

强化创新知识产权导向,促进创新成果向知识产权转化。这属于平台高端突破性"创新支点"建设需求。由于科技成果转化涉及政府、高校科研院所、企业和中介服务机构等多个主体,各主体间在成果转化的政策、机制、体系、资源等方面缺乏有效的协调,导致科技成果转化工作存在衔接不畅或转化迟滞等问题。[②] 针对这些问题,产业导向的协同创新知识产权服务平台必须协助企业推进知识管理创新,帮助企业提升知识产权规范化管理体系,帮

---

① 鲍宗客,施玉洁,钟章奇.国家知识产权战略与创新激励——"保护创新"还是"伤害创新"?[J].科学学研究,2020,38(5):843-851.

② 申轶男,李岭,李宪振.基于多主体协同创新的科技成果转化模式研究[J].科技与创新,2017(19):22-25.

助企业规划知识产权优势集聚与能力提升,也协助政府搭建和运营好知识产权公共服务平台,从而构建基于多主体协同创新的科技成果转化模式,包括政策协同模式、资源整合模式和体系协同模式。

四、产业导向的协同创新知识产权服务平台涉及的关键技术

协同创新知识产权服务平台必须以产业为导向。产业导向的协同创新知识产权服务平台涉及多项关键技术,其中应重点突破的,是知识管理、资源云组织、智能检索等基础支撑技术。同时,还要攻克面向专利、商标、版权等不同类型知识产权服务的个性化技术,集成应用已储备的企业行业专利库、专利跟踪与专利预警等技术,开发支持共性服务和专业化服务的业务支撑系统,并在一站式知识产权服务系统柔性架构上部署实施,最终构建基于云服务知识产权一站式系统。

(一)知识产权服务关键技术

1.基于本体的知识管理方法和技术

实施有效的知识管理以提高组织的核心竞争力,是知识经济时代的一个关键问题。本体和语义网技术的引入为知识管理系统的开发和实现带来了新的机遇。[①] 针对目前知识产权信息的多义性、形式化描述难、检索效率低、智能化程度差等问题,我们有必要研究基于本体的知识产权描述方法和基于OWL的知识产权本体建模方法,并建立自组织知识产权本体库。通过关联本体技术,解决知识产权库中存在的同一概念有多种描述的问题。关联本体的自组织进化过程和方法有助于实现专利检索信息的自组织优化和专利资源的有序化。同时,在本体建模时应重点考虑元本体技术,实现本体的复用。

2.知识产权资源云语义组织方法和技术

在信息爆炸式增长的大数据环境下,由于数据的分散、混乱和无序,信息爆炸与知识相对缺乏的矛盾日益突出。因此,我们应该努力实现数据知识化、知识秩序化和知识服务化的目标,推动传统物理层次的信息组织向认知

---

① 王昊,谷俊,苏新宁.本体驱动的知识管理系统模型及其应用研究[J].中国图书馆学报,2013,39(2):98-110.

层次的知识组织转变。[①] 针对知识产权服务中的代理、交易、注册、鉴定、评估、认证、咨询、检索等活动,通过整合各专业领域的专业知识,构建知识产权云服务。根据服务开发、描述、发布、发现、组合和实现的语义描述需求,研究语义组织方法,实现在服务生命周期的不同阶段以合适的方法进行语义标注,有效支持服务的智能搜索与语义匹配。

3. 并行执行引擎和公式编辑器

大数据计算平台用于大量静态数据挖掘和智能分析,促进了大数据和人工智能的应用。面对互联网和物联网对实时动态数据处理需求的日益增长,数据流计算逐渐引入一些大数据处理平台。[②] 在协同创新知识产权信息服务系统平台建设过程中,应引入面向数据流的分析和设计方法,满足协同创新知识产权服务的业务需求,研究面向动态可定制的专利检索方法,设计灵活可变的专用描述语言,开发可视化的公式编辑器,研发安全可靠的并行执行引擎,支持检索方法的动态优化与加密,并在实现智能报表、专利分析、行业及企业专利池建立中的应用。

4. 数据深加工及专业化服务技术

在协同创新知识产权数据深加工及拓展专业化知识产权服务技术方面,应重点研究多类型专业化知识产权服务相关特色技术。

面向引证关系的知识聚类技术:从认知心理学的角度来看,知识联想可以扩展思维的信息节点,为知识创新提供更多的源泉。[③] 知识关联可以分为显性关联和隐性关联两种类型,它们在知识创新中起着非常重要的作用。[④] 针对国内知识产权缺乏引证关系的现状,以及构建知识产权引证关系、建立知识产权评价体系的应用需求,应深入开展协同创新重点产业领域知识聚类及关联技术的研究。

---

① 徐绪堪,蒋勋,苏新宁.面向知识服务的知识组织框架体系构建[J].情报学报,2013,32(12):1278-1287.

② 邹骁锋,阳王东,容学成,等.面向大数据处理的数据流编程模型和工具综述[J].大数据,2020,6(3):59-72.

③ Dyne A M, Taylor P G, Boulton-Lewis G M. Information Processing and the Learning Context: An Analysis from Recent Perspectives in Cognitive Psychology[J]. British Journal of Educational Psychology,2011,64(3):359-372.

④ 周和玉,王华伟,郑林,等.面向知识创新的知识关联系统研究[J].情报理论与实践,2013,36(10):66-68.

知识产权知识地图技术:通过对专利信息的分析挖掘,可以了解领域技术发展趋势、市场竞争态势,以支撑正确的决策等。专利分析有定量分析、定性分析和拟定量分析,专利地图是专利分析的可视化展示工具。目前技术功效图的研制还是以人工为主,包括技术和功效词的标引、技术功效列分类、制图等,此方式的人力成本高,制作周期长。已有自动或半自动化构建的探索,但多是局部过程的优化,分析粒度较粗,鲜有系统化的研究。① 面向协同创新的知识产权地图技术研究的实际应用拓展方向,主要是针对企业知识产权跟踪、领域剖析、隐性知识挖掘、战略决策支持等需求,应用知识网络、关联规则、聚类分析、数据可视化等技术,开展知识产权知识地图研究。

基于知识发现的企业技术竞争及知识产权预警分析技术:有学者提出了基于大数据关联与整合思路和基于专利信息服务产业链整合思路的两个创新应用。② 面向区域的专利预警、行业技术热点分析和竞争对手的技术趋势分析等需求,开展基于知识发现的企业技术竞争及专利预警分析技术研究。

促推创新的知识产权挖掘方法:创新联盟中知识产权风险的存在影响了联盟的形成并阻碍了联盟的可持续发展,而建立信任机制对化解知识产权风险与形成绩效之间具有积极的调节效应。③ 应围绕企业创新活动的需求,开发面向概念设计的知识产权信息挖掘方法和基于知识产权组合的研发支持技术。

(二)专业化服务支撑系统建设

专业化服务支撑系统建设主要包括:应用关键技术,对已有专利管理、企业行业专利库、知识产权检索、科技情报文献等系统的优化和封装;研发知识产权资源云库、知识产权交易、专家咨询等基础支撑系统,开发面向不同知识产权类型的专业化服务工具集。

---

① 张兆锋.基于知识图谱的技术功效图自动构建及其应用研究[D].南京大学,2018.

② 李程.构建以专利为核心的科技大数据平台以促进创新的设想[J].中国新技术新产品,2016(13):28-30.

③ 祁红梅,王森,樊琦.知识产权风险与创新联盟形成绩效:快速信任的调节作用[J].科研管理,2015,36(1):135-142.

1.知识产权交易系统研发

通过对国内主要交易平台的比较分析,我国知识产权交易体系需要在数据隐私风险、交易规范体系建设、价格机制探索、专业人才队伍建设等方面突破困境。应围绕知识产权交易业务,研发知识产权交易系统,实现在线交易。具体包括需求发布、供应发布、交易达成、在线支付、交易评价等内容。

2.建立知识产权专家咨询和知识社区

建立知识产权专家咨询和知识社区系统,应以便利代理人、分析师、评估师、法律顾问等知识产权服务专家团队开展工作为主线,提供 SNS(Social Networking Services)、即时通信、虚拟联盟交流平台等服务。支持企业开展知识产权共享,实现企业知识在产业网络内的整合与协作,增强技术互补能力,推动行业标准形成。

3.现有应用系统优化和封装

应结合关键技术攻关,对已有的部分知识产权服务应用系统进行优化和封装,主要包括:企业知识产权管理系统、知识产权专题建模工具、企业知识产权地图、版权监控跟踪系统等。根据企业知识产权管理的集中、分散、矩阵等组织形式和管理过程,建立企业知识产权管理系统。企业知识产权管理将与企业的专题库无缝融合,实现交叉分析、生命周期管理、知识产权续展费用管理等。同时,通过产品使用专利管理,形成企业产品专利模型,利用面向创新设计的知识挖掘方法和技术,为产品的创新设计提供支持。应根据企业的产品及技术特点,建立知识产权专题库,形成三个层次的应用:基础分类专题库、个性化定制专题库和人工标引专题库。通过对专题库的应用,实现技术跟踪与监测、专利预警、专利分析(包括实时统计、同族分析、引证分析、相似性分析、聚类分析、趋势分析等)、热点关注等内容。借助专题库的综合分析,使知识产权成为竞争决策、科研创新的重要情报。围绕企业的自有专利和使用的专利,构建企业专利地图,用于可视化的专利分析。针对现有版权备案保护系统,为适应一站式平台集成的应用需求,进行重新封装,并应用版权监测预警和侵权证据保全等新技术,提高现有系统智能分析能力。[①]

---

① 周曙东.电子商务概论[M].南京:东南大学出版社,2015:372.

(三)面向云架构的一站式知识产权服务系统开发

在现有的资源和平台基础上,通过对知识产权资源的加工与整合,可以构建知识产权数据库,围绕企业及行业的应用需求,综合应用关键技术研究所取得成果,以云架构基础设施为依托,提供与知识产权相关的全套服务,支持企业开展科技创新活动。[①]

1.一站式知识产权服务系统柔性架构(OS)

围绕知识产权专业化服务支撑系统的部署要求,研发一站式知识产权服务系统,实现用户统一登录、支撑系统(APP)快速部署、服务能力集成等。重点研究支持云服务平台构建的总体技术框架,该框架融合资源提供主体拥有的优势资源和能力,基于云服务的思想与特征,构建的统一的云系统架构。该框架支持云服务的多种部署与应用模式,以及企业(包括机构)间的业务协作与分布式的资源共享。

2.知识聚合服务集成总线研发

研究基于服务总线的知识产权资源集成与聚合方法,建立基于分层结构、支持异构知识产权信息库间的数据集成与过程集成的开放式、松耦合总线框架,研发包含目标格式定义、源数据适配器、数据转换与映射、静态检测和调试等快速集成开发工具,通过开发工具快速转化、封装数据源。从而,平台通过总线实现对集聚地知识产权资源的动态管理和集成。

3.知识产权服务支撑系统集成部署

国家创新体系是一个由知识生产体系、技术创新体系、政策支持体系、知识产权保护体系、科技中介服务体系和创新文化环境体系组成的巨系统。目前,各子系统的重点工作是建立科研与高等教育合作机制,确立企业主体地位,加强政府采购,建立知识产权试点新格局,提高科技评价水平,培育创新教育理念。[②] 在完成一站式知识产权服务系统研发的基础上,部署知识产权服务支撑系统,实现知识产权代理、交易、登记、鉴定、评估、认证、咨询、检索、加工等各项服务。

---

① 刘志成,林东升,彭勇.云计算技术与应用基础[M].北京:人民邮电出版社,2017:283.
② 钟荣丙.国家创新体系的系统构成及建设重心[J].系统科学学报,2008(3):59-64.

第三节　面向协同创新的知识产权平台服务内容

一、面向协同创新的知识产权平台共性服务

为协同创新活动提供助力的知识产权服务平台,理想状态是以市场为导向运作的全功能公益性服务平台。然而,现实中能够将公共服务与营利性服务相结合的综合服务机构并不多见。从理性的角度来分析,当前比较稳妥的做法,是建立公益性服务与增值服务相结合的知识产权服务模式。在系统建设初期,可以利用政府政策支持开展知识产权公益服务,同时,通过发展企业会员并收取会费的形式,保证一体化知识产权服务平台的正常运作,并逐步发掘具有潜在盈利价值的特色服务项目,将知识产权社会公益服务与增值服务有机结合;在系统建设中后期,整合平台资源优势,全面开展知识产权增值服务。面向协同创新的知识产权平台服务内容,主要是围绕专利、商标、版权及其他类型知识产权,提供以下共性服务:

(一)代理服务

面向协同创新的知识产权代理服务,主要是围绕专利代理和商标代理,以及版权登记代理、集成电路布图设计登记代理等其他知识产权类别的代理开展服务。根据我国《专利代理条例》规定,从事专利代理业务,应当向国务院专利行政部门提出申请,提交有关材料,取得专利代理机构执业许可证。所以,以专利代理为代表的知识产权代理,必须由有资质的代理机构开展。当前知识产权代理服务呈现多元化的趋势。代理服务机构为了扩大盈利空间,倾向于打造全过程服务链条,即以知识产权的获得即申请及授权为导引,向后延伸至知识产权续展、转移、维权等与知识产权运用有关的事项。协同创新具有非常强的目的性,获取知识产权不是协同创新组织的最终目标。更进一步地,与协同创新相关的知识产权获取行为往往是战略性的。所以,在协同创新过程中所提供的知识产权代理服务,也应当具有相当的预见性,着

眼于产业发展的整体趋势,有计划地进行产业专项知识产权布局。这是面向协同创新的知识产权服务平台应首先关注的共性服务。

(二)检索分析服务

面向协同创新的知识产权检索分析,以既有的知识产权数据库为基础,为用户提供知识产权数据信息分析服务。知识产权检索分析服务,已经超出了传统意义上的知识产权文本数据信息查询与汇总的范畴,向个性化订制转型。面向协同创新的知识产权检索分析服务,应当是高度个性化定制的。[①]此类知识产权检索分析服务所涵盖的内容非常广泛,具体包括:知识产权的新颖性/可专利性检索,通过检索发现对某项发明成果的新颖性/可专利性构成实质影响的现有技术;有效性检索,提供各种检索服务(涉及专利文献和非专利文献)检测专利的有效性(即一项权利要求或权利要求书的强度和范围);确权检索,旨在查找知识产权与特定产品或工艺的生产、销售或使用过程中所采用的技术相关的情形;全景检索,通过检索概览知识产权与市场活动的关联、突出知识产权申请趋势及其他关键指标、开发市场和创新智能,以及帮助寻找与商业战略相关的确切创新机会等。面向协同创新的知识产权检索,最终目的是提供具有可操作性和可拓展性的知识产权信息分析报告,从行业发展宏观视角出发,以专题技术为切入点,为凝聚协同创新组织活动提供可量化的参考依据。知识产权服务管理系统,包括用户端和知识产权服务端,用户端通过服务端口与知识产权服务端相连,所述知识产权服务端内部设置有知识产权管理模块,通过知识产权管理模块来完成整个知识产权服务管理系统的控制,是整个知识产权服务管理系统的核心,并且知识产权输入模块包括知识产权分析模块、知识产权查询模块以及知识产权分选模块。[②]

(三)交易服务

面向协同创新的知识产权交易服务,主要包含了知识产权展示、居间、产权交割等配套服务内容。当前,仅具备信息中介功能的知识产权服务平台,

---

①　袁曦临.信息检索[M].南京:东南大学出版社,2011:363.
②　廖庆文.一种知识产权服务管理系统[P].江西省:CN112381688A,2021-02-19.

无法适应协同创新成员之间或与外部市场主体之间进行知识产权移转的需求。因此,需要重新确定面向协同创新的知识产权服务平台在知识产权交易方面的功能定位,根据协同创新不同阶段和模式,提供个性化的知识产权成果转移转化增值服务,才能够打通科技成果转化链,破解知识产权运用难题。在政府层面统一将符合资质的知识产权服务平台接入可联网的知识产权数据库,是目前比较可行的做法。[①] 通过鼓励平台的资源、需求共享与公开,以便于各平台实时进行数据分析与信息挖掘,形成高效率、反应快的数据支撑和方法体系。面向协同创新的知识产权交易平台应当是全链条、靶向式的服务提供者,避免同质化、无序化竞争是知识产权服务平台转型的重要方向,应发挥平台业务人员专业优势,以大数据为依托,在既定产业领域进行精准匹配,精准撮合知识产权交易。面向协同创新的知识产权交易平台应能够提供交易信息咨询、交易风险评估、交易相关融资准备、交易过程管理等服务。面向协同创新的知识产权服务平台不局限于单一主体运营,而是可以引入专业评估机构、金融机构,采取市场化的方式,构建基于知识产权信息的资金链,开展由第三方合作机构的面向投融资机构和知识产权权利人的金融服务。在此过程中,平台可以作为权威第三方,提供具有公信力的知识产权价值参考报告,增加银行等金融机构对知识产权资产的认可度,或引入知识产权保险等手段,减少交易各方的成本与风险。

(四)投融资服务

知识产权是国家发展的战略资源和国际竞争力的核心要素,金融是现代经济的核心。加强知识产权金融服务,是落实党中央、国务院加强知识产权使用和保护战略部署的积极举措,也是开展知识产权工作服务经济社会创新发展、支持创新型国家建设的重要手段。促进知识产权与金融资源的有效整合,有利于拓宽中小企业融资渠道,改善市场主体的创新发展环境,促进创新资源的良性循环;有助于建立以知识产权价值实现为基础的多元资本投资机制,通过增值专业化金融服务推广技术创新成果,全面推进知识产权转移转化,引导金融资本投向高新技术产业转移,促进传统产业转型升级和战略性

---

① 龙莉,蔡尚伟,严昭柱.中国互联网文化产业政策研究(1994—2015)[M].成都:四川大学出版社,2016:292.

新兴产业培育发展,提高经济质量和效益。因此,创新型企业有必要以专利、商标、著作权等知识产权为抵押物或基本对象,通过质押或证券化进行融资。

面向协同创新的知识产权服务平台在投融资方面要做的,是要引导企业提高知识产权质量,加强核心知识产权管理,提高知识产权价值的市场认可度。利用平台的信息交流和沟通优势,开展知识产权质押融资政策的宣传和实践培训,加强知识产权质押登记培训,规范平台服务流程,为企业提供高效、便捷、优质的服务,使协同创新组织成员对相关配套设施有深入了解;审查拟质押知识产权项目中产品与权利的关系,对质押的知识产权项目进行动态跟踪管理。完善知识产权质押融资风险管理机制,引导和支持各类担保机构为知识产权质押融资提供担保服务,鼓励开展同业担保和供应链担保,探索建立多元化的知识产权担保机制,加强质押项目风险保障,开展知识产权质押融资担保保险,化解金融机构风险,促进金融机构合作发展,建立投融资联动服务模式,提高企业融资规模和效率。结合融资产品创新和知识产权质押担保方式,可以通过股权质押、反向许可等方式处置,也可以通过各种产权交易平台,通过定向推荐、对接谈判、拍卖等方式处置,确保金融机构实现质押,提高知识产权利用效率。

(五)知识产权维权援助服务

由于知识产权共享的风险将直接影响到创新收益,如何有效地防范、化解这些风险成为协同创新持续发展的关键。近年来,为更好地服务社会公众和创新主体的知识产权保护需求,推进"互联网＋"知识产权保护,国家知识产权局不断推进知识产权维权援助工作,全国 31 家知识产权保护中心、20 家快速维权中心、76 家维权援助中心都可以提供维权援助服务。各地方加强知识产权维权援助分中心、工作站建设,推进服务体系向基层延伸。目前,全国各地已建设 918 家维权援助分中心和工作站,覆盖全国大部分地区。为整合全国知识产权维权援助资源,2020 年 4 月,在国家知识产权局"云开放日"活动上,全国统一的知识产权维权援助对外服务窗口和管理平台正式上线。面向协同创新的知识产权服务平台应以全过程、全方位维权为出发点,建立知识产权法律、法规数据库和知识产权案例数据库;在服务协同创新的过程中,引导企业增强知识产权意识,提高知识产权的使用、管理和保护能力;帮助企业设计知识产权维权总体方案,根据协同创新产业领域的不同业态、不同的组织形式以及知识产权的不同特点和法律规定,多角度、多层次、全过程开展知识产权维权援助工作。

(六)知识产权人才培养服务

随着创新驱动型企业的发展,创新体系建设步伐加快,一大批创新型企业快速成长。协同创新模式对知识产权人才的素质提出了更高的要求,也为知识产权人才建设提出了新的课题。为营造自主创新的体制和环境,不断深化体制改革,建立公平有序的竞争秩序,全面有效地实施知识产权制度,需要一大批高素质的知识产权人才,特别是一大批高层次人才知识产权服务人员。新形势下,面对协同创新,必须创新知识产权人才培养模式,适应创新主体需求,让知识产权人才为协同创新提供支撑,为创新驱动发展保驾护航。特别是近年来,随着中国企业"走出去"步伐的加快,对高端复合型、国际化知识产权人才的需求越来越大。在经济全球化背景下,发达国家企业以知识产权为竞争手段,利用中国企业"走出去"进入新兴市场,获取竞争优势的案例大量存在。这对于协同创新发展形势不利。面向协同创新的知识产权服务平台在培养协同创新知识产权人才方面要有所作为。知识产权服务平台应如何透过不同程度的企业实务反馈,订定准确的知识产权服务组织高级人才研修制度,服务于企业知识产权发展。[①] 开展服务协同创新的知识产权高级人才培养,主要目的在于通过人才培养,加强和规范知识产权代理、评估、投资、战略研究、信息服务、保护等中介服务机构和知识产权行业协会建设。充分发挥知识产权服务机构和行业组织在知识产权中介人才培养中的能动作用,促进现有知识产权服务人员的更新换代和素质提升,并努力培养一批优秀的知识产权法律公告和实务技能,能够参与国际知识产权诉讼,为企业提供知识产权服务的高级中介服务人员。通过研修合格人员传、帮、带,培养一批懂技术、懂知识产权、懂信息运用的企业知识产权高级管理人才。

---

① 吴汉东.知识产权应用问题研究[M].北京:中国人民大学出版社,2019:657.

二、面向协同创新的知识产权平台知识产权专题服务

(一)协同创新背景下的产业知识产权专题分析

采用协同创新模式的产业往往属于高技术产业领域,此类高技术产业通过互联网、大数据、新材料等技术的融合应用,逐步渗透到社会经济发展的方方面面,对人们生产、生活方式产生了极大的影响。作为技术创新密集的领域,协同创新相关产业知识产权的积累和布局往往起着决定性的作用。抓住信息产业新技术革命重大机遇,形成我国协同创新高技术领域产业竞争优势,迫切需要同步推动知识产权布局。在协同创新产业领域选取重点行业进行知识产权专题分析,主要是根据行业用户需求,对特定领域知识产权数据进行检索和分类标引,深挖数据背后蕴涵的规律性信息。在保证知识产权数据准确且完整的情况下,根据产业发展特点,构建知识产权信息分析系统框架,使得整个分析工作不仅有条理,而且具有较强的目的性。协同创新组织行业知识产权专题技术分析是一个双向互通过程,可以根据知识产权分析的内容选择、指导行业技术创新特点的研究,也可以基于行业技术创新研究的需要选择知识产权分析的内容。[①] 面向协同创新的知识产权服务平台,可以聚焦重点产业,研究其核心知识产权的定义和特征,通过应用文献计量、专家评分和案例研究等方法,利用大数据技术工具,创设从大量知识产权(专利)文献中判别核心技术的方法,通过层次分析法综合多个指标构建成一个核心知识产权(专利)判别指标体系,进而反馈应用于协同创新活动所在的目标产业技术领域,为协同创新的可持续发展提供助力。

(二)协同创新参与企业知识产权专题分析

知识产权信息是指以知识产权文献为主要内容或以知识产权文献为基础,通过对知识产权文献进行分解、处理、索引、统计、分析、整合和转化而形成,并通过各种信息方式传递的信息的集合。[②] 知识产权信息为技术研发人

---

① 王燕玲.基于专利分析的行业技术创新研究:分析框架[J].科学学研究,2009,27(4):622-628,568.

② 李姗姗.企业专利信息利用工作研究[J].河南科技,2019(27):18-22.

员学习、借鉴世界各国的先进技术提供了重要的参考依据,合理有效地分析、利用可提高企业在创新方面的效率。企业协同创新项目就像一把双刃剑,在给企业带来利益的同时,也给知识产权合作带来了巨大的利益关系风险。知识产权信息分析能够更好地为协同创新参与企业提供预警,帮助企业识别知识产权风险、规避知识产权风险,进而为企业的知识产权战略和知识产权布局提供科学的指导。协同创新合作项目数与内部专利数量具有显著的阈值效应,不同的行业研发投入具有不同的知识产权管理和创新能力阶段。[①] 通过建立和完善本体数据库,支持更准确、全面的专利信息检索,通过激励机制和保密机制鼓励企业上传自己的专利信息。本文对平台专利数据库中的专利信息进行了分析。该平台还利用产品技术分类与国际专利分类(IPC)的相关性,形成了一个基于产品的比较完整的专利技术分类库。通过对不同企业的专利组合进行分析,找出相关专利,以促进企业间的专利合作和专利资源共享,促进专利联盟和专利池的建设。[②]

(三)协同创新知识产权管理系统

知识产权管理系统包括:存储生成的内部产品数据或知识产权数据的内部数据库;文本挖掘单元,对内部数据库存储的产品数据或智能数据进行文本挖掘,生成关键字数据;输入和输出单元,将关键字数据输出到外部搜索服务器,并从外部搜索服务器接收关于关键字数据的类似数据;以及存储关键字数据和类似数据的内部知识产权数据库。[③] 对于创新的需求,主要是来源于商业体和科研机构对于知识的运用、整合、转化能力,其中对于知识产权的管理能力关乎企业自身的发展、产业的进步和国家经济的提升程度,然而当前我国正面临着创新驱动力不足、产业结构转型升级挑战、企业运转效率较低等问题。[④] 因此,对知识密集型企业进行系统的研究,对进一步鼓励知识

---

① 王天祥,樊勇.基于 Hansen 门槛模型的企业内部专利管理对协同创新的影响分析[J].昆明理工大学学报(社会科学版),2020,20(1):78-85.

② 徐河杭,顾新建,祁国宁,等.企业协同专利分析平台[J].浙江大学学报(工学版),2009,43(10):1853-1857.

③ Boosun Hong, Su Min Kim. Intellectual Property Management System[P]. Kr20190055371, 2019-05-23.

④ 中国经济改革与发展研究院.中国经济改革与发展研究报告[M].北京:中国人民大学出版社,2016:339.

的创新转化、知识产权的完善优化、促进我国经济持续稳定发展具有理论和现实意义。随着以信息交流和服务为代表的新一轮工业革命的深入发展,知识产权信息作为市场经济条件下知识产权制度带来的重要创新资源,应在协同创新发展的进程中,发挥更加积极的作用。多种类型主体在协同创新过程中发生知识溢出现象,不可避免地会产生知识产权权益纠葛。公权力机构运用宏观政策治理措施保护协同创新知识产权权益,具有较强的导向作用,但是容易产生过度引导,不适应知识演进、技术自身发展规律及市场要求。所以,协同创新组织知识产权管理与协调机制建设已经成为我国实现产业创新升级和可持续发展的合理之选。协同创新组织应建设与完善内部知识产权治理机制,实现知识产权系统化、集约化管理。知识产权公共服务平台可以间接对协同创新组织内部的知识产权权益进行干预。[①] 由此,形成双向度、多元化的利益制衡机制,提供具延展性的专利管理功能、应用性的专利管理流程以及良好的专利管理权限控管机制,建立优良的研发及创新环境。

---

① 李伟,董玉鹏.协同创新知识产权管理机制建设研究——基于知识溢出的视角[J].技术经济与管理研究,2015(8):31-35.

第六章　协同创新背景下的知识产权保护

第一节　协同创新的知识产权行政保护

一、知识产权行政保护概述

(一)知识产权行政保护的概念

知识产权保护对企业绩效具有显著的促进作用,竞争强度和反应型市场导向均显著地强化了知识产权保护与企业绩效之间的关系。[①] 知识产权行政执法,就是其中一种最为高效而直接的保护知识产权的手段。广义的行政执法,涵盖了能够保障法律实施、保护法定权利的各种途径;狭义的执法,是各级行政机关基于法定职权或相关单位基于授权,按照法定程序对判定为违法的行政相对人实施法律处分,改变受侵害的权利义务关系的具体行政行为。知识产权行政执法属狭义的行政执法范畴,是专门根据知识产权法律法规,对知识产权违法行为所实施的行政处罚和行政强制等行为的统称。

知识产权行政保护可以分为以下四个互相联系的内容模块:第一,是知识产权执法专项行动。这是知识产权行政保护的主要构成部分,其体现的国家强制力最强,并且最容易为社会公众所感知,所以形式意义与实质意义两

---

① 王永贵.知识产权保护影响企业绩效的机理和边界——对市场环境和营销导向调节效应的实证分析[J].深圳大学学报(人文社会科学版),2020,37(1):69-77.

者俱重。第二,是知识产权常规事务监管工作。知识产权行政管理部门在日常巡检中一旦发现了侵犯知识产权的线索,就转入调查取证、责任认定,以及后续的处罚程序。日常事务性管理工作是知识产权行政执法保护的前置性程序,服务于知识产权行政执法,同时驱动着知识产权行政执法。第三,是知识产权执法部门的合作交流。这类活动主要包括:在不同国家或地区的政府知识产权管理部门之间、政府知识产权管理部门和具有知识产权保护功能的民间组织之间,以及前者多个主体相互之间共同开展知识产权信息、技术、人力、制度等方面的合作,以协调不同国家或地区在知识产权保护认知和规则方面的差异,通过交流建立信任和业务合作关系,从而使知识产权执法的广度和深度得到有效加强。第四,是知识产权保护的宣传与教育。虽然这一块工作一般并不会针对具体的行政相对人设定必须完成的义务,但是其具有潜移默化的效果,能够对潜在的知识产权利益相关方产生普遍的内在影响,形成保护知识产权的社会环境氛围,如此知识产权执法意图就变得比较容易接受,有助于实现知识产权保护预期执法目标。

(二)知识产权行政保护的特征

知识产权行政执法与其他类型的行政执法活动既存在相同点,也有一定的差异。由于知识产权自身的技术性与专业性特征,相应的执法活动所提供的行政保护自然也就有了特殊性。

知识产权行政保护的社会接受度较好。知识产权权利人对行政机关主动采取行政措施干预、通过持续性的行政执法活动提升知识产权保护效果有较强认同感,相当一部分知识产权权利人愿意选择借助知识产权行政执法来救济自己已经受到侵害或潜在受侵害的知识产权,此种意愿不亚于向法院寻求司法保护。[①] 这种政府寻求行政救济的意识以及行为导向的产生,与我国的历史长久积淀下来的官民关系和传统文化习惯密切相关。当然,随着现代法治社会建设的成熟与不断完善,长时间以来我国知识产权行政管理部门对知识产权纠纷处理的权威性与公信力得到了全社会的普遍认可。这就从历史与现实两方面为我国知识产权行政执法争取到了良好的社会环境。

---

① 孔祥俊.论解决知识产权权利冲突的民事司法与行政程序之界分[J].河南社会科学,2005(6):9-14.

知识产权行政保护具有很强的主动性、灵活性和直接性。行政机关贴近知识产权实践活动,熟悉知识产权行业氛围,社会公众对知识产权管理部门的治理行为总体上是接受和认可的,行政机关进行知识产权执法的力度和效率有充分保障。从成本这一块上来看,知识产权行政执法主要由政府财政经费予以保证,当事人不需要承担取证、固定证据、提出诉讼等方面的开支,节省了知识产权维权成本。因此,知识产权行政保护的高效、便民、成本优势比较明显。

知识产权行政保护背后拥有丰沛的资源优势。知识产权行政保护的社会资源,包括直接的人力、物力资源。知识产权管理部门除了调动行政资源,还可以动员科技资源、法律资源、舆论资源等实现社会治理的意图。同时,知识产权行政执法对知识产权权利人和相关利益群体产生的影响力和威慑力这类软性力量也不可忽视。

知识产权行政保护适应知识产权制度全球一体化发展趋势和我国的现实国情。我国自开展社会主义市场经济建设以来,参照国际通行的知识产权规则,对知识产权行政保护和司法保护的边界进行了明确界定,如将版权、专利、商标等纠纷处理的最终裁决权转移给司法机关,并没有削弱知识产权行政执法的强度。[①] 社会公众比较认同行政机关在知识产权执法的权威性,对知识产权行政执法的效果比较有信心。有数据表明,2020 年中国知识产权保护成效得到各国创新主体和国际社会广泛认可。知识产权保护社会满意度创新高,达到 80.05 分(百分制)。世界知识产权组织发布的 2020 年全球创新指数报告显示,中国排名第 14 位。[②]

(三)面向协同创新的知识产权行政保护效能

在我国的知识产权执法过程中,被侵害知识产权的权利人可以向拥有知识产权执法权能的行政机关请求对侵权行为进行查处;行政机关也可以主动开展检查,发现违法情形加以纠正。《著作权法》《专利法》《商标法》及其配套法规都列出专门条款,细化规定了行政执法范围与事项,赋予行政机关罚款、

---

① 蒋玉宏,单晓光.区域知识产权发展和保护绩效评价——指标体系与评价方法[J].科技进步与对策,2009,26(22):144-146.

② 中国国家知识产权局.《二〇二〇年中国知识产权保护状况》白皮书[R].http://www.gov.cn/xinwen/2021-04/25/content_5602104.htm.

没收主要用于侵权活动的材料、工具、设备等权力，授权行政机关追究侵权行为人的法律责任，保障知识产权法的贯彻执行。为贯彻实施这些法律，我国知识产权管理部门近年来投入了大量资源、规范知识产权执法方式、连续实施知识产权执法专项行动，对建构新型市场秩序、保护知识产权权利人合法权益发挥了不可忽视的作用。但是仍有人对知识产权行政保护抱有不理解的态度，认为行政机关是一罚了之、侵权人交钱就能过关。还有部分民众出于自身利益考虑，明知是盗版、仿冒商品却仍然购买，对知识产权行政保护有抵触心理。由此可见，知识产权行政执法存在着一定的信任危机，而且知识产权行政执法的真实效能是否像外界所认为的那样，尚需要有严谨的标准加以评估。

国外有研究者针对知识产权制度体系和知识产权执法状况进行了研究，抽象出知识产权保护强度指标体系（Ginarte-Park 指标），可以通过同一口径对不同国家的知识产权保护（执法）情况进行比较。学者将知识产权保护强度指标划分为专利覆盖范围（extent of coverage）、国际条约成员资格（membership in international patent agreements）、权利保护的丧失（provisions for loss of protection）、执法机制（enforcement mechanisms）、保护期限（duration of protection）5 个一级指标，每个一级指标又设若干二级指标。[①] 我国有学者利用这一指标来测算中国知识产权保护强度，选取了 2005 年中美两国的知识产权保护状况作为研究对象，发现中国得分为 3.99，美国得分为 4.33，由此认为中国知识产权保护法水平已经接近发达国家，在发展中国家中居于前列。[②]

上述"Ginarte-Park 指标"主要评估的是知识产权执法基础或者执法重点方面的情况，为了使指标测量更加偏向于知识产权执法绩效，国内外研究者继续以"Ginarte-Park 指标"为蓝本与参照，深入研制知识产权执法保护指标。相关进一步的研究大致分化为了几种路径：第一种路径，是设计全新的指标体系，不仅仅限于专利执法，而是广泛涵盖了版权、专利、商标、商业秘密、知识产权法律执行、知识产权管理、条约、一般公共义务等广泛的知识产

　　① 　Rapp R T,Rozek R P. Benefits and Costs of Intellectual Property Protection in Developing Countries[J]. Journal of World Trade,1990,24(5):75-102.
　　② 　钟佳桂. 中美知识产权保护强度测度与比较[J].法学杂志,2006(3):134-135.

权事务相关领域。① 第二种路径，是在"Ginarte-Park 指标"基础上，测量一国的专利保护客体是否与 TRIPS 的规定一致、是否具备 UPOV、PCT 等国际条约成员身份、知识产权管理部门信息公开与更新维护管理水平、该国的腐败感觉指数等，将评价范围扩展到与知识产权法律事务相关的领域。② 第三种路径，是在"Ginarte-Park 指标"体系的基础上，根据国别特色，增加知识产权执法强度指数，合并成为完整的知识产权保护强度指标体系。我国有学者提出了度量转型期国家知识产权保护水平的修正方法，并以中国为例，计算了历年修正的知识产权保护水平，结果表明：中国的知识产权保护水平呈逐年上升的趋势，已达到部分发达国家保护水平；③还有学者选取司法保护水平、行政保护水平、经济发展水平、社会公众意识以及国际监督等指标，以度量知识产权执法强度，综合立法强度指标，构建了完整的知识产权保护强度新指标体系。④

我国知识产权行政保护存在名义水平和实际运行状态的差异，其根源应当是我国知识产权立法的迅速成熟带来了立法超期于执法的现象，在著作权、商标权等知识产权立法保护力度上，已经超过了 TRIPS 的要求。⑤知识产权执法水平与国家能力有密切关系，知识产权行政执法需要国家能力作为支撑，而执法机关中被动执法与无效执法的现象并不少见。⑥ 消除这种差异的方法是尽可能提升实际执法水平，包括行政保护和司法保护水平。更具体而言，需要从执法体制、执法权力配置、执法主体能力、执法程序要求、执法人员素养等方面多管齐下，促使知识产权名义执法水平与实际执法能力相吻合。

---

① Sherwood R M. Intellectual Property Protection as Infrastructure[M]. Intellectual Property and Economic Development, 2019.

② Lesser, W. Assessing the Implications of Intellectual Property Rights on Plant and Animal Agriculture[J]. American Journal of Agricultural Economics, 1997, 79(5): 1584-1591.

③ 韩玉雄, 李怀祖. 关于中国知识产权保护水平的定量分析[J]. 科学学研究, 2005, 23(3): 377-382.

④ 许春明, 单晓光. 中国知识产权保护强度指标体系的构建及验证[J]. 科学学研究, 2008(4): 715-723.

⑤ 楼煜华. TRIPS 协议下对中国知识产权保护的法学思考[J]. 浙江大学学报(人文社会科学版), 2004(1): 47.

⑥ Chang C, Dimitrov M K. Piracy and the State: The Politics of Intellectual Property Rights in China[J]. Journal of Chinese Political Science, 2011, 16(3): 1111-1187.

二、互联网环境下面向协同创新知识产权行政保护面临的挑战

(一)互联网环境下电子商务领域知识产权状况

在经济全球化背景下,市场经济发生了深刻变化,新的业态蓬勃发展,基于互联网的电子商务顺势迅猛发展。近年来,我国先后培育了淘宝、天猫、京东、拼多多、苏宁易购、国美网上商城等大型电子商务购物综合服务网站,这些平台方提供交易接口、撮合工具、支付结算工具并负责网络店铺的准入审核等服务与功能。提供商品销售服务的是分散的卖家,如淘宝、天猫的网上店铺。这种模式是当前电子商务网络购物的主流即 B2C 模式。根据国家统计局发布的"2020 年国民经济运行情况",2020 年全年我国社会消费品零售总额 391981 亿元,比上年下降 3.9%;全年全国网上零售额 117601 亿元,比上年增长 10.9%;其中,实物商品网上零售额 97590 亿元,增长 14.8%,占社会消费品零售总额的比重为 24.9%,比上年提高 4.2 个百分点。①

但是应该看到,基于密集法律制度构建的互联网平台,在运行过程中时常遭遇到缺乏知识产权意识与保护的商业运营现象。比如,利用互联网虚拟空间无法直接检验实际交易标的,利用新的信息图像技术来开展虚假、夸大宣传、渲染,利用密集化、匿名化的信息传递模式来实施不正当竞争等现象。现在一些地区提出大力发展电子商务新经济,鼓励形成网络购物集中地,在着重发展速度、做大规模的同时,却往往忽略了知识产权网上监管,使得一些电商活跃的地区成为盗版、制假、售假的高发地区。电子商务领域知识产权违法现象泛滥,在多个知识产权种类尤其是商标上表现得都比较明显。在互联网电子商务中,消费者因为无法与商家及其所欲购买的商品"面对面",因而商标标识就具有重要的品牌导向意义。当前互联网电子商务中的商标事务有两个特点,一是相当多的电商实体使用着大量的未注册商标,二是不少电商主体借助知名商标、驰名商标开展营销,进行不当竞争并从中获利。

---

① 程春雨.2020 年全国网上零售额 117601 亿,你都网购过啥?[EB/OL].(2021-01-18)[2021-05-01].http://www.chinanews.com/cj/2021/01-18/9389866.shtml.

(二)互联网环境下面向协同创新的知识产权执法难度

自 2008 年知识产权战略施行以来,我国知识产权执法人员、设备、经费等内部资源与之前相比有了质的变化。然而,与互联网知识产权违法行为不断上升的趋势相比,知识产权执法现有条件已经显得有些滞后了。在互联网环境中,由于潜在消费者的数量是巨大的,就造成了被侵权消费者数量不具体、侵权时间不确定、侵权范围和程度不一致这样复杂的情况,互联网上知识产权执法的难度就在无形中增加了。根据知识产权地域性特征,如果侵权人的行为损害到了受中国法律保护的知识产权利益,那么中国的知识产权行政执法机关就应当为权利人提供保障。一种更为特殊的情形是,如果包含他人知识产权的产品在中国生产而在其他国家的电子商务平台上销售,海关在履行货物出境检验时发现违法线索,但权利人在国外享有知识产权,在中国和货物销售国不享有知识产权,这种情况算不算侵权、中国知识产权执法机关应不应该保护尚无定论。

从执法效果上看,如何确定知识产权行政处罚和赔偿的计算依据、最终数额、实际到位金额、可以查封、扣押、销毁的违法违禁产品数量等指标更为突出。从知识产权行政执法的反应速度和效果来看,网络知识产权违法行为的发生、隐匿、转移速度远高于行政执法机关完成行政调查、做出行政决定的速度。依靠现有的设施、交通通信工具和技术人员,不能有效保护知识产权人的合法权益,同时也很难提升网络空间的整体知识产权保护水平。上述这些情况,溯其根源在于互联网经济是市场经济发展的前沿部分,有效的运行监管机制并不健全,以往在市场经济中普遍存在的市场主体法律意识不强、执法难以到位的现象在互联网经济中也有复现。[①]

互联网电子商务领域的企业类型繁多,既有资金、技术密集的龙头骨干型企业,也有诸多分散的中小微型企业。并且,投资主体来源分散,国有经济成分在其中所占的比例非常低,政府管理部门无法像对待实体经济那样去审批项目、安排投资、控制进度、调处纠纷,行政执法对于电子商务领域的影响相对较弱。然而在电子商务发展过程中,互联网经济对知识产权行政执法的

---

① 皮天雷.经济转型中的法治水平、政府行为与地区金融发展——来自中国的新证据[J].经济评论,2010(1):36-49.

需求并没有减少。

三、互联网环境下面向协同创新知识产权行政协同执法体系分析

（一）知识产权协同执法体系的由来与进展

协同执法，直观的理解就是多个有执法权的主体在行政执法过程中统一思想、分工合作，共同实现既定的执法目标。基于执法权派生于政府的事实，知识产权协同执法首先是知识产权行政执法机关之间的协同，其主要实施模式包括：同一地域内不同的执法机关开展的协同执法，以及跨行政区域乃至跨省域的行政执法协作。前者如浙江省义乌市多年来在开展联动执法、信息资源等方面的执法合作。后者的表现形式比较多：2003 年，在国家知识产权局组织下，北京、上海、广东、浙江、福建等 16 个省市的代表签署了《省际间专利行政执法合作协议》，根据协议，16 个省的专利权人或者利害关系人作为合作网络的成员之一，如果希望对其他合作成员管辖范围内的专利侵权纠纷进行联合调处，所有成员均可选择向该省级知识产权管理机构提出请求，合作成员必要时可以协同进行调查取证。2005 年，上海、江苏、浙江省知识产权局代表，以及江浙两省辖 24 个地级市知识产权局签署了《长三角地区知识产权局专利行政执法合作协议》，建立了各自的专利案件移送制度。2006 年以来，广东省等省份已经连续召开了 10 届珠三角区域知识产权合作联席会议，签订了泛珠三角区域知识产权合作协议等文件。

更广义的知识产权执法协同，出现在政府管理部门与市场主体之间。2005 年，我国国家版权局、信息产业部联合出台的《互联网著作权行政保护办法》中，用了超过一半（17 条中占了 9 条）的篇幅，明确了网络服务提供者的法律责任，有效加强了互联网著作权的保护效果。这些规定同时也对电子商务领域的平台服务商产生了相当的影响，因为网络服务平台与网络著作权服务者的角色定位有一定的类似性。近年来，国家知识产权局大力推进专利行政保护规范化建设，先后制定《专利侵权判定和假冒专利行为认定指南（试行）》《专利行政执法操作指南（试行）》《专利侵权行为认定指南（试行）》《专利行政执法证据规则（试行）》《专利纠纷行政调解指引（试行）》《专利执法行政

复议指南(试行)》《专利执法行政应诉指引(试行)》《专利标识标注不规范案件办理指南(试行)》等一系列办案规范性文件,有效规范了执法工作,全面提升了办案水平。

协同执法制度源于社会治理理念。社会治理是以维护社会秩序为核心,通过政府主导、多方参与,规范社会行为、协调社会关系、促进社会认同、应对社会风险、化解社会矛盾,从而使得社会秩序处于相对稳定状态。社会治理理论的核心体现在三方面:首先,强调提高政府的施政能力与水平,重新审视政府管理绩效的功利性,主张政府的决策和行为不应单纯着眼于如何管理和控制社会事务,而是要实现改善民生。政府行为需要加入社会集体决策和集体行动的成分,追求社会的自我协调和自我管理,要在经济调控、市场监管、社会管理、公共服务等方面重视社会治理。其次,强调健全国家法治体系与市场机制,公权力通过调配公共资源充分发挥社会调整作用,政府、非政府组织、企业、公民个人等社会要素在社会公共事务的治理中进行协调与合作,在整合和发挥各种社会要素功能优势的过程中,最大限度地维护和提升社会公共利益、促进社会可持续发展。再次,认为社会治理是治理主体和治理手段的结合。传统的行政治理模式,是从上到下的集中式管理格局,从命令与服从关系来建构管理体制。随着国家与社会二元化的发展,政府的定位角色应该有所调整,不应当包揽一切社会公共事务,而是应当整合全社会的力量,寻求社会公共广泛参与,共同进行社会治理。政府虽然具有极高的权威性,却并不是唯一的治理主体,只是多元化社会治理参与主体中的其中一方。社会治理可以依靠的主体还包括社会组织、社区、企业、个人等利益相关者,在客观上与政府共同建立决策和参与机制,共同减少公共选择和公共博弈带来的负面影响和不稳定性,形成国家管理行为与社会治理活动的良性互动。①

基于社会治理所影响的广泛领域,可以将知识产权活动以及行政执法活动置于社会治理的场域,将政府部门作为社会治理的一维进行观察,诊断在政府行使职能过程中涉及的社会利益、社会服务方面的问题。同时,应发掘社会力量参与知识产权行政执法的必要性和可行性。整体来看,面对知识产权侵权水平与侵权速度不断加深的局面,加强知识产权行政执法势在必行。一方面,行政机关要在互联网发展的规则、制度等方面制定执法规则,由于互

---

① 江必新,王红霞.社会治理的法治依赖及法治的回应[J].法制与社会发展,2014,20(4):28-39.

联网的发展速度非常快,常常出现连锁、叠加的创新,一部分已经出台的政策性规定可能很快会在商业和技术创新面前暴露出不足。另一方面,在开展行政许可、实施行政检查、决定行政处罚等具体行政行为方面,互联网的距离性、虚拟性给依法行政带来了一定的难度,政府通过在执法活动中增配信息化、高技术化的设备和流程一定程度上克服了这一挑战,但政府的职能、角色决定了它不可能去占据互联网技术的制高点,不可能去发现和处置互联网环境中的商业漏洞,使互联网上的商业、社交行为按照政府的规则来运作,只能是将有限的执法力量合理调配,处理互联网电子商务发展过程中发生的矛盾、争端。所以,单凭行政机关的力量是难以满足广泛的知识产权行政执法受益群体的需求的。

从知识产权行政执法的具体要求上看,知识产权无形财产与有形财产是不可剥离的,在处置行政相对人的权利义务时还需要考虑与此相关的贸易、物流、结算等方面的法律关系,这会导致行政机关在第一时间去固定和收集证据具有一定的难度。因此,要依靠知识产权权利人和法律关系的相应当事人协同配合。另外,在知识产权侵权案件的法律和技术双重判定标准上,知识产权行政执法不具备特殊的优势,也需要社会力量的加入和支持。

(二)互联网环境下面向协同创新知识产权协同行政执法面临的障碍

协同行政执法自身定位尚需进一步明确。在互联网电子商务的复杂环境下,协同执法面临的障碍,主要体现在观念和行为方式上。[1] 我国目前的知识产权执法保护大量调动了行政机关掌握的权力和资源,尤其是我国近年来频频开展的知识产权专项执法、联合执法活动,是一种很强的体制性动员,这在其他国家是难以做到的。知识产权协同执法实施的有一定的效果,但在具体实施过程中也暴露出执法依据不统一、执法主体重叠、执法相关信息无法共享等问题。然而,电子商务领域知识产权行政执法的处境并不被动,一些较大规模的电子商务企业都很重视知识产权建设,知识产权执法不会影响电子商务领域的某些生态平衡,因为这些"平衡"本身就带有不健康的因素,知识产权行政执法不仅仅对知识产权权利人和消费者有利,对于其他市场主

---

① 洪雨.对互联网环境下传统经济与电子商务结合的思考[J].电子商务,2019(2):15-16.

体和知识产权利益相关者同样有利。来自国外的购物网站企业非常赞赏严格的知识产权执法,中国的一些网站慢慢也会意识到知识产权行政执法在实现知识产权权利人利益和互联网电子商务共同利益上的重要作用。

不同社会主体对于协同行政执法存在认知偏差。社会上对知识产权执法和保护的意义认识不统一,有些人指责知识产权执法太慢、太松,而且存在选择性执法的现象。有些人则认为互联网电子商务商业环境本就是鱼龙混杂,市场经济又是利益为先的经济模式,现在的经济发展水平和网络消费习惯有利于假冒、仿冒商品的存在,行政执法机关想遏制知识产权侵权泛滥,只能治标,无法治本,应当顺其自然,让市场慢慢完善。也有人认为,行政机关的知识产权执法是做给外国人看的,是我国面对国外知识产权保护的压力才实施的,网络消费者群体对于电子商务中的侵犯知识产权行为并没有表示出强烈的反感,也对行政执法机关不予以过高的期望。与此相反,少数电子商务企业认为,行政执法途径使得权利人多了一条权利保护的渠道,相比于去法院起诉,知识产权行政执法的权威性并不差,但知识产权行政执法机关的介入面不够深,比如对一些带有隐蔽性的恶意侵犯知识产权事件,有些违法行为人通过拖延时间、转移注意力、借口赔偿困难等手段,将合法的知识产权权利人一步步拖入经营困境,等案件处理完毕时,距知识产权的合法权利期限已经所剩无几,原先具有的创意或技术优势也慢慢丧失。有些场合下,存在竞争关系的知识产权人之间也会提出指向并不明确,证据也不充分的知识产权违法投诉,诱使行政执法机关去调查,以此干扰竞争对手正常的研发和经营,使得自己能够赢得时间和市场,而行政执法机关对这种滥用行政救济申请权的行为无法有力地制止。还有一些电商企业认为行政执法者的介入会使得电子商务中的商业关系趋于紧张化、合作氛围微妙化。有些电商主体坦言,如果遇到知识产权侵权数额比较小,造成的影响不大的,一般不会选择向行政执法机关举报,而是顺其自然,维持现状,或者通过商业谈判来解决。而一些电子商务领域的消费者也抱有此种想法,认为如果电子商务领域的一些侵权知识产权现象能通过和销售者交涉、网站投诉、发帖较圆满地解决时,不会考虑向知识产权行政执法机关举报。

互联网背景下市场环境演变更加复杂。工业革命以来发生的生产社会化和后来的经济全球化使企业面临一个全球性的市场,市场扩大给企业带来发展机会的同时使企业在市场交易中的费用上升,于是企业通过纵向一体化来降低交易费用,企业的规模不断膨胀。电子商务的出现降低了市场交易费用,使企业直接利用市场机制更有效益,在一定程度上改变了企业通过扩大规模去降低交易费用的行为,企业更多地通过市场获得原材料与中间产品。在电子商务环境下产生与以往相反的趋势——市场交易对企业内部化交易的替代。① 在互联网电子商务中,竞争空间是开放化的。既有规模竞争,也有价格竞争,还有个性化、稀缺性竞争。知识产权是一种竞争武器、谈判工具,同时也可能成为竞争中的对价或牺牲品。竞争双方或多方当事人对竞争的理解与行政执法机关相比存在一定的差异。行政执法机关可能考虑更多的是整体性、全局性、行业性问题。而互联网电子商务主体则考虑的是个案性的问题。同时,不同的行政执法机关也会有自身的本位思维,如版权执法部门主要考虑出版市场的竞争,而专利、商标执法部门考虑的是货物贸易市场,海关则考虑进出口企业之间的竞争秩序。有容乃大的互联网电子商务包容着上述各种矛盾、博弈,行政机关在争取行政执法的协同对象以及互联网电子商务主体对于知识产权纠纷的处理结果期望上,仍然存在区隔。

(三)建构互联网环境下面向协同创新的知识产权行政执法协同体的现实基础

在互联网电子商务广泛应用的环境下,知识产权行政执法形势还是相当严峻的。就目前的国内发展情况看,一旦放松网络知识产权执法,网上知识产权侵权行为就会失控。当前已经形成气候的"山寨"现象就说明了这一点。从国际情况看,互联网电子商务是传播速度最快、国际化程度最深的新型商业模式,在我国建设和运营的互联网上发生的知识产权违法活动会侵害到全球范围内的消费者,而中国的知识产权违法行为人也可能在其他国际商务互联网上从事知识产权违法活动,不但对中国的对外商务声誉造成影响,还会给一些西方国家提供借口,来指责我国政府的知识产权立法执法是虚设的、纵容的,进而加深国际贸易摩擦,给我国造成较大的国际压力。

以浙江省为例,作为国内互联网电子商务的发源地之一和电子商务集聚度较高的地区,浙江省不但驻有规模最大的电子商务平台——阿里巴巴、淘

---

① 李骏阳.电子商务环境下市场与企业关系的演变[J].上海大学学报(社会科学版),2006(5):124-129.

宝、天猫系,也有数量在全国居于前列的中小微电子商务商户,网上交易份额占全国 60% 以上,在电子商务知识产权保护方面具有很大的压力。电子商务领域的知识产权纠纷处理已经上升为行政执法机关主要工作任务,单凭行政执法机关的自身力量是难以有效遏制知识产权违法侵权的,广泛的知识产权行政执法协同体的建设迫在眉睫。①

知识产权行政执法协同体具有机理上的固定性和制度安排上的灵活性。知识产权行政执法不像行政许可那样有固定的职权划分和严格的程序要求,各级别的行政机关都有权也能够开展知识产权执法,现有的知识产权行政执法部门可以根据本管辖领域内知识产权违法行为发生的特点和法律规定、执法力量存在的薄弱环节,动员、吸纳相应的社会组织、团体以及技术部门来开展线索过滤、跟踪检查、证据收集等辅助活动,还可以通过组织知识产权各方达成自律性协议,或授权某些组织来代表知识产权行政执法机关受理违法投诉,提出初步处理建议、借用相关网络平台的人力、物力开展知识产权执法监控、组织纠纷各方开展调处,委托相关组织落实知识产权行政执法机关的处置、处罚决定。②

多个知识产权执法机关可以同时与一家或几家电子商务平台展开合作,把执法、管理触角延伸到网络电子商务的各个交易行为之中,解决过往全国范围内执法沟通不畅、异地执法难的问题。③ 电子商务平台内部设立的法务部门、投诉部门可以与行政执法机关之间形成稳定的工作联系,在遇到平台内商务主体知识产权争议以及疑似知识产权违法情况时候,可以快速将信息传递给行政执法机关,由行政执法机关做出有指导意义的判断,电子商务平台对旗下的电商主体做出调处和限制会员权益的决定时,可以由行政执法机关做出带有权威性的"背书",或者由行政执法机关指出和纠正其不当、不实之处。行政执法机关与电子商务平台之间可以结成网状关系。国家级、地区性的电子商务平台加入知识产权行政执法网,有助于克服知识产权行政执法领域的执法不平衡、地区间、行业间、不同网络平台间执法有差别、相互交流不顺畅的问题。

知识产权行政保护是我国知识产权制度重要组成部分。但是,由于知识

---

① 吴汉东.知识产权应用问题研究[M].北京:中国人民大学出版社,2019:657.
② 刘志刚,王瑶.行政诉讼法律法规、司法解释与案例汇编[M].上海:复旦大学出版社,2015:1195.
③ 单智勇,郭志群.电子商务安全与管理[M].北京:中国人民大学出版社,2010:12.

产权的种类不同,我国行政机关设置也不尽相同,导致具体职能定位、信息传导、行政管理、涉外保护等方面与制度预设及基础配置不协调,不利于知识产权的保护和利用。[①] 过往多部门共同执法、知识产权联合执法等体制、机制都存在着进一步加强行政执法机关与社会力量协同推动知识产权执法的空间。当前,互联网电子商务环境已相当成熟,骨干电子商务平台运营商组建网络交易平台,容纳了大量电子商务个体,通过网站平台,可以为知识产权局、商标局、版权局等专门开展知识产权行政执法的机关开辟接口,便于这些机构开展线上执法,还可以将可能卷入知识产权违法事宜的电子商务主体的注册信息、财务资料、交易情况依照法定调查、查询程序的要求转给线下的公安、海关、质检、征信、金融等管理部门,迅捷、无缝传递信息。[②] 不同的网站平台可以在行政机关主持和协调下实现对同一和同类电商主体的共同监控,做到知识产权保护全面覆盖。

四、加强互联网环境下协同创新知识产权行政执法配套措施的建议

(一)加强知识产权行政执法机关职能建设

知识产权执法是一个宽泛的命题,执法环节包括行政受理、行政调查、行政认定、行政裁决、行政查处、行政执行、行政强制、扣留、没收和处理侵权货物、行政处罚,对知识产权提供了更宽泛的保护范围。在知识产权执法过程中,可能存在两方面的问题,一是参与的主动性问题,电子商务平台既有支持知识产权执法的期望,也存在营利目的导向、竞争诉求和投资者压力等问题;二是在参与处理纠纷时涉及对相对方的介入和限制问题,这种限制权中得到行政执法机关鼓励、授权和支持的可以归为行政权及其派生权利,另一部分则属于民事限权,这种限权对行政行为相对人的影响性与行政机关单独性限权有较大的区别。知识产权行政执法除了规范行政执法机关的违法查处工作,还应将知识产权民间维权、行政机关与民间合作维权、知识产权行政奖

---

① 朱雪忠,黄静.试论我国知识产权行政管理机构的一体化设置[J].科技与法律,2004(3):82-85.
② 李正波,邱琼.电子商务与新零售研究[M].北京:中国人民大学出版社,2017:455.

励、知识产权行政调解、知识产权民间仲裁指导、知识产权行政指导、知识产权行政合同等纳入,形成知识产权行政执法的总体格局。

在执法的基础条件配备方面,要建立健全案件受理程序,方便收集网上信息、线索等基础材料,要开设知识产权违法事务处理行政服务窗口,设置投诉举报受理信箱,以利于受害人和社会公众提出知识产权保护的申请。要建立知识产权执法信息库,记录电子商务经营者的过往涉知识产权违法记录和侵权商品的品类、特征、痕迹记录,以便于行政机关能够较快地搜索、查验可能涉嫌违法的商户和商品信息。

知识产权行政保护工作平台也需要进一步完善。在知识产权执法机关做出具体行政行为的法律,需要制发规范的行政文书,需要履行的内部讨论、审批手续集成在办案电子系统中,一旦进入立案环节后,电子办案系统能够自动分配办案人员,判断是否存在回避等情形,根据办案程序的要求提示办案人员收集、固定、录入涉嫌违法的经营者的违法证据,提示办案人员通知违法行为人接受调查,并给予其申辩的机会,最终综合违法情节和法律、法规规定,决定是否给予行政处罚。电子办案系统也可以根据违法严重程度、权利人的请求内容等情形对侵权商品进行查封、扣押的保全性措施的程序设置。通过办案系统,办案人员在办案过程中能够方便地找到对应的办事程序规定,并做到所有行政行为都有记录,法理依据充分,流程可以追溯,效率得以提升。

(二)加强知识产权协同行政执法的法律政策依据建设

在互联网环境下,开展电子商务领域的知识产权执法面临着诸多新的挑战,对执法职能、执法主体、执法手段等方面的法律规则有极高的要求。目前《著作权法》《专利法》《商标法》等单行法虽然针对互联网电子商务的最新发展进行了相应的较高频度修正,但相对于严峻的知识产权保护形势而言,知识产权实体法能够给行政执法提供的有效支持总体上依然不足。尤其是有人强调知识产权应按照民事权利来保护。[①] 这在一定程度上其实是削弱了知识产权行政执法的效果。我国《知识产权海关保护条例》和《关于〈中华人民共和国知识产权海关保护条例〉的实施办法》中,关于海关恶意扣留侵权货

---

① 秦立崴,秦成德 等.电子商务法[M].重庆:重庆大学出版社,2016:440.

物,收发货人在提交双倍担保金后才可以请求海关放行货物的规定,对知识产权权利人的保护相当有利,对于知识产权协同执法制度设计有一定借鉴意义。互联网电子商务平台可以在接到行政执法机关通知后,代扣或者阻止涉嫌侵权的商品货物的线上和线下流动,也可以在之前与电子商务网络商户签订入网协议时,提前引入这一条款,即网络经营户认可电商平台在发现侵权时暂时冻结交易、暂时停止货物的物流,等待进一步的调查结果。当然这种做法也可能会导致网络经营户利益受损。因此,要相关制度设计时进一步平衡各方权益,解决好应当赋予电子商务平台多大的自由度以及如何处理互联网电商主体提出的异议等问题。

　　执法是非正常状态的救济性活动,电子商务发展过程中如果不断依赖行政执法来纠偏,是极其不利的。[①] 与实体法相比,知识产权执法保护的程序性法律规范体系建设显得比较滞后,缺乏整体性安排,没有专门针对知识产权行政执法的实际操作程序。各个行政执法机关还是按照版权、专利、商标等分门别类的思想,探索相对独立的执法程序。根据目前的知识产权保护形势,知识产权法院已经成立并运作,专门的知识产权诉讼程序有望出台。相对应地,知识产权行政执法程序以及协同执法的细化程序也应当尽快实现分立出来。要抓紧互联网电子商务知识产权执法制度体系建设,结合各地区实际和互联网电子商务知识产权运行的状况与特色,抓紧制定相关配套性政策规范,包括互联网电子商务企业的知识产权创造及获取、转让和许可、中介服务机构建设和管理等。从长远看,这些政策对于知识产权执法的影响无疑是正面的。

(三)各地区统一知识产权行政执法工作标准规范

　　在知识产权协同行政执法过程中,知识产权行政执法机关依法行政机制的建设和保障作用不能被弱化。[②] 当前,知识产权行政执法机关要优先考虑的是如何优化知识产权行政执法的程序、提高执法效率。知识产权行政执法既有基于受害人报告和社会力量举报的被动式执法,也有知识产权执法机关和其他行政机关主动检查、巡视市场交易,发现违法线索并启动执法的主动

---

① 吴汉东.知识产权中国化应用研究[M].北京:中国人民大学出版社,2014:727.
② 姜林希,叶敏.电子商务领域知识产权行政执法机制完善之建议[J].行政与法,2019(6):78-88.

执法程序。① 这两种类型的执法都需要深入研究执法程序设计以及执法效率的提升问题。

在具体工作流程方面,针对知识产权违法案件,有必要考虑设置执法程序和标准执法程序。针对侵权事实明确、涉案标的较小,同时行为人自行承认违法情节的,知识产权行政执法机关可以简化执法的调查、听取申辩程序,做出行政处罚决定。针对违法情节复杂,涉嫌违法的行为人逃避执法或否认侵权的,需要按照一般性的行政执法手续,做出是否违法、情节严重程度、管辖权分配等信息,并决定是否立案。收到执法请求或发现违法线索后,行政执法机关可以借助市场监管、银行、税务、电子商务、物流等多个信息平台了解涉嫌违法的经营者的基本信息,通过专利、商标检索系统、版权登记系统比对侵权商品与享有知识产权商品的差异性,了解涉嫌违法者的经营情况,涉嫌违法行为的交易记录、资金流动情况,迅速锁定侵权商品的数额、流向状况、涉案金额等主要信息。

互联网是一种跨国的交流方式。通过网络,各国公民之间的交流变得方便快捷。毫无疑问,知识产权保护的难度加大了,各国之间对知识产权的非法使用也难以规范。究其原因,主要是各国在经济上的差异和法制建设的程度,导致了知识产权侵权行为的评价标准和构成要件的差异。通过互联网传播的知识产权在不同的国家受到不同的对待。这种情况需要各国共同努力,制定和完善更加合理统一的判断标准。这一结果可以通过签署多国条约、双边和多边协定来实现。国内情况则不同,当前我国已经拥有了一套相对比较完整的知识产权保护法律规范体系,互联网的存在和普及无疑拉近了各个地区的空间距离,但是不同地方的地方性法规对于侵权行为的认定还有着差异,各个地区知识产权管理部门对于执法程序要求的不同理解与适用影响着互联网知识产权侵权标准的评价。统一国内的知识产权行政执法标准规范,完善互联网知识产权侵权的认定和处罚工作流程,是当前依法行政刻不容缓的要求。②

另外,统一互联网电子商务知识产权侵权标准的关键内容,还延伸到责任承担的方式以及结果。由于不同地方的经济发展情况不同,而且在互联网

---

① 陈越.我国知识产权行政执法模式新探——兼论《专利法修改草案》在专利行政执法方面的修改[J].当代经济,2015(16):6-10.

② 李春晖.我国知识产权行政执法体制机制建设及其改革[J].西北大学学报(哲学社会科学版),2018,48(5):64-74.

电子商务背景下知识产权侵权的发生范围较为广泛，具体侵权损害（包括直接损害和间接伤害）的数额确定的难度较大。因此，除了计算直接给被侵害人带来的损失之外，必须将侵权行为人通过侵权行为所获得的收益纳入损失总额，应在计算非法收益的基础上，增加一个较为确定的金额进行处罚，以此来针对未获利和恶意的无偿地传播他人智力成果以造成权利人损失的行为人，才能缓解侵权行为再发生。如何进行计算以及如何确定损害赔偿的最终数额，具体细化的计算公式与方法是必不可少的。

（四）强化知识产权行政执法协同监督与宣传教育

目前知识产权协同执法主要依据是行政机关发布的政策，应该考虑制定相应的部分规章、地方政府规章，使协同执法有较强的制度依据。尽管规章制度是纸面约束，但规章制度的实施能够形成对相关机关部门的约束机制，并可以成为行政绩效考评的依据，上一级政府以及地方人大可以通过经常性的检查监督规章制度的执行情况来强化协同执法，对电子商务知识产权执法是有利的。建立协同开展知识产权保护的监督机制的有效方式之一，是深入推进"技术—专利—标准"战略。① 推进技术标准战略与知识产权战略相结合，鼓励具有自主知识产权的企业积极参与国际标准、国家标准、行业标准和地方标准的制定，将自主知识产权转化为技术标准，实现技术专利化，再到专利标准化。新闻媒体、社会公众等对知识产权行政协同执法的舆论监督，不但能扩大整治知识产权侵权行为的声势，也可以促进行政执法机关和电子商务领域执法协同者的工作规范性和积极性，提高公众的关注度。

知识产权法是市场经济和互联网经济领域的基础性法律，但是互联网电子商务经营主体的知识产权意识比较薄弱。实地调研发现，有一些互联网电子商务经营人员分不清注册商标和非注册商标，有些互联网电子商务经营商户分不清实用新型专利和外观设计专利、发明专利的区别。这些缺陷导致他们在经营过程中会无意识地侵犯他人的知识产权，也可能落入他人设置的知识产权陷阱。因此，对互联网电子商务网络平台服务商和网络经营者个体全面进行知识产权普法和法律风险的教育与提示，是互联网电子商务健康发展

---

① 申长雨.全面开启知识产权强国建设新征程[J].知识产权,2017(10):3-21.

的必要条件,也可以为协同开展知识产权行政执法的知识支撑。[①] 可以考虑针对电商从业人员开展知识产权培训,对电子商务平台进行知识产权管理标准认证,也可以考虑在电商行业协会中扶持建立知识产权执法服务站,强化知识产权中介、代理机构的作用。表彰知识产权协同执法先进单位和个人。网络电子商务比较发达的地区,在电商从业人员当中征集、培养知识产权联络员,提供知识产权知识读本、知识产权案例汇编,支持电商平台开展知识产权宣传,动员电商聘用熟悉知识产权法律事务的专业人才。

第二节 面向协同创新的知识产权司法保护机制建设

一、在解决知识产权纠纷方面实现诉讼与非诉讼手段有效衔接

诉讼手段,是当事人向司法机关提起诉讼解决纠纷的方式。诉讼涉及国家公权力的应用。与诉讼相对的,是非诉讼手段(Alternative Dispute Resolution,ADR),诸如谈判、调解、仲裁都属于此范畴。当前部分知识产权纠纷相关当事人之间的关系错综复杂,已经不仅仅是单纯解决特定一项纠纷的诉求了,很可能在纠纷背后还有合作的可能与机会。单单依靠诉讼手段已经无法彻底从根源上解决庞杂的纠纷案件,这时把目光更多投入到非诉讼手段中去,形成多元化的诉讼纠纷解决机制,无疑能为司法资源紧缺的现况分担许多压力。

同时,构建系统的争议解决机制是推行知识产权战略的重要保障。我国目前知识产权争议的解决方式主要有诉讼、仲裁、行政处理、调解及交涉等。[②] 调解在知识产权争议中最为常用,可以帮助纠纷当事人找到一个使双

---

① 高功步,焦春凤.电子商务[M].北京:人民邮电出版社,2015:306.

② 倪静.论知识产权争议 ADR 的功能、价值及模式[J].重庆理工大学学报(社会科学),2010,24(9):29-33.

方获益的建设性解决方案,[①]是减少冲突、增加建设性的替代性纠纷解决方式。[②] 多主体参与协同创新所产生的知识产权纠纷,在涉及金钱赔偿事项之外,往往纠纷当事方更重视后续的权利交叉许可。调解形式的纠纷解决方案不仅仅节约了当事人的时间和金钱成本,而且可以满足双方的各自需要。[③]调解本身就是强调争议各方的对话,比诉讼或仲裁更有可能促成当事人在双方业务的长远发展上达成共识。[④] 调解取决于争议各方的意志,可以作为纠纷解决机制单独适用,也可以和其他类型的诉讼和非诉讼纠纷解决方式共同适用。[⑤]

　　为了缓解案件压力,最高人民法院 2002 年 9 月发布的《关于审理涉及人民调解协议的民事案件的若干规定》已经承认了民间调解内容的民事合同效力,但并没有赋予其强制执行力,当事人因原纠纷提起诉讼时,法院仍然受理,调解协议书仅有证据效力。此时,当事人之间的纠纷并没有彻底解决,当事人之间的关系仍处于不确定状态。为了进一步肯定民间调解的效力,2009年最高人民法院《关于建立健全诉讼与非诉讼相衔接的矛盾纠纷解决机制的若干意见》在肯定了民间调解的合同效力的同时,赋予了具有合同效力和给付内容的调解协议具有支付令的效力,但是由于支付令一经抗辩即失效,因此,该意见在规范和完善司法确认程序部分原则性规定了法院确认民间调解效力的职能,并赋予了经确认的调解协议具有强制执行力,使非诉讼纠纷解决机制在和诉讼制度的对接上向前迈出了一大步,但是仍不尽完善。

　　当前,由于现代科学技术的飞速发展,知识产权法的立法速度远远落后于科学技术的发展速度,诸多新技术领域和新问题都存在法律空白,在协同创新新型模式下此种情况尤甚。如近年来我国关于生物医药领域知识产权

---

　　① Lemley K M. I'll Make Him an Offer He Can't Refuse: A Proposed Model for Alternative Dispute Resolution in Intellectual Property Disputes[J]. Akron Law Review,2004,37(2):287-327.

　　② Anway S P. Mediation in Copyright Disputes: From Compromise Created Incentives to Incentive Created Compromises[J]. Ohio State Journal on Dispute Resolution,2003,18:441-444.

　　③ Blackman S H, Mcneill R M. Alternative Dispute Resolution in Commercial Intellectual Property Disputes[J]. Am. U. L. Rev,1998(6).

　　④ Yu P K. Toward a Nonzero-Sum Approach to Resolving Global Intellectual Property Disputes: What Can We Learn from Mediators, Business Strategists, and International Relations Theorists[J]. Social Science Electronic Publishing,2002,70(2):569-650.

　　⑤ Elleman S J. Problems in Patent Litigation: Mandatory Mediation May Provide Settlements and Solutions[J]. Ohio State Journal on Dispute Resolution,1997,12(3):759-778.

侵权案件大幅增长之势,凸显出产业链相关企业维权难的法律短板。这就需要针对新出现的权利保护需求,完善专项制度体系,给予协同创新参与企业便捷而坚实的维权保障,避免其背负高技术产业协同创新投入高、风险大的顾虑,降低预期回报方面的期待。这就更需要通过高位阶的法律落实侵权判定标准、明确侵权赔偿标准,增强可操作性,让知识产权侵权损害赔偿标准不再仅仅是抽象化的表述。

二、建设面向协同创新的知识产权纠纷诉调对接机制的必要性

知识产权纠纷"诉调对接",是指知识产权纠纷经第三方调解达成协议,人民法院审查确认调解协议符合法律规定,出具民事调解书或确认协议效力决定书的机制。诉调对接出现在地方知识产权行政管理和司法实践部门的实际工作中。它是一种有效的争端解决机制。它旨在通过诉讼制度与非诉讼调解制度的有机衔接,充分发挥诉讼制度与诉外调解制度各自的功能,实现优势互补,从而从根本上化解社会矛盾。① 在协同创新领域,尤其需要诉讼和调解无缝衔接的新型纠纷解决方法。这一纠纷解决方式具有无可比拟的灵活性,能够为知识产权纠纷冲突各方预留充分的回旋空间。

知识产权纠纷诉调对接机制以《民事诉讼法》《中华人民共和国人民调解法》《最高人民法院关于建立健全诉讼与非诉讼衔接的矛盾纠纷解决机制的若干意见》《最高人民法院关于进一步贯彻"调解优先、调判结合"工作原则的若干意见》等法律及司法解释为依据向人民法院起诉的知识产权案件,经双方当事人同意后,交由调解组织调解。如果双方达成调解协议,同时履行各自的义务,争议就解决了。达成调解协议后,一方当事人不履行或者不完全履行义务的,另一方当事人可以请求法院确认调解协议,申请执行。在实践中,2012 年,江苏省、浙江省先后出台了相关政策措施,而区域知识产权纠纷诉讼调解对接救济机制已逐步形成。

现代调解制度具有过程的开放性和社会性。② 诉调对接机制作为一种新型复杂的纠纷解决模式,在坚持司法机关在纠纷解决过程中的权威性的基

---

① 胡祯,宋昱君.论诉调对接的法理基础与价值诉求[J].湖南工业大学学报(社会科学版),2012,17(2):72-75.

② 汤维建.中国调解制度的现代化转型[N].检察日报,2009-07-20(07).

础上,强调知识产权行政管理部门、维权援助中心等公共服务机构在解决知识产权冲突中的积极作用,加强知识产权保护,建立知识产权立体化保护网络化的有益探索和尝试,也是节约司法资源、减轻司法审判压力的重要途径。

与诉讼程序相比,诉调对接机制具有程序便捷、处理灵活、成本低、效率高的特点。它克服了调解程序冗长、诉讼成本高、权威性低、调解本身法律性质不强的弊端。在充分保护当事人程序选择权的前提下,以较低的成本获得更大的司法利益。同时,诉调对接机制整合了诉讼资源和社会资源,使诉讼机制和调整机制相互确认、相互补充、相互契合,提高了纠纷解决效率,实现了社会效果和法律效果的有机统一。[①]

三、建设面向协同创新的知识产权纠纷诉调对接机制的建议

(一)对于诉调对接的定位

知识产权纠纷解决机制的两大发展趋势,是行政程序的司法化,以及国家正式的纠纷解决机制与民间纠纷解决机制相互融合。[②]根据最高人民法院《关于建立健全诉讼与非诉讼相衔接的矛盾纠纷解决机制的若干意见》的相关精神,人民法院认为有必要的,可以依职权或者经当事人申请后,在诉前委托行政机关对纠纷进行调解,实质上实行了委托调解前置机制。在知识产权纠纷案件中,可尝试部分案件行政调解先置机制,包括以下几方面的内容。

1.诉前行政调解先置适用范围

对属于人民法院受理专利纠纷诉讼的范围和受诉人民法院管辖的案件,人民法院在收到起诉状后、正式立案之前,可以依职权或者经当事人申请后,委派管理专利工作的行政部门先行进行调解。诉前行政调解先置的案件一般应为法律关系简单、侵权判断容易、诉争标的较小的侵犯专利权纠纷案件、专利权权属纠纷案件、专利实施许可合同纠纷案件。

2.委托程序

由人民法院向管理专利工作的行政机关出具委托函,委托函中明确委托

---

① 刘同君,储晓雷.论"诉调对接机制"之正当性——基于江苏经验的思考[J].江苏大学学报(社会科学版),2012,14(4):74-77.

② 何兵.现代社会的纠纷解决[M].北京:法律出版社,2003:7.

事项、委托调解的时间；行政机关接受委托后，应及时确定调解人，按照委托事项及时开展调解工作。接受委托的行政机关在委托调解期间内未调解成功的，应及时函告人民法院，由人民法院及时立案；受委托单位认为有必要延长委托调解期间的，应函告人民法院，由人民法院根据具体情况和当事人的意见综合确定。

3. 调解结果确认

达成调解协议的，由当事人撤回立案申请，当事人可以申请司法确认。[①]

最高人民法院《衔接意见》为知识产权纠纷的诉调结合解决机制指明了方向，但对于如何充分调动社会资源、建立全社会的矛盾纠纷调处机制则仍有待进一步进行具体制度的设计和构建。

（二）知识产权纠纷诉调对接的主导机构

在我国诉前调解制度化方面，法院主导的调解模式应是基本趋势。在进行调解的基础上，要实现庭审与调解之间的良性互动，促进新型知识产权纠纷解决模式的形成。[②] 要充分发挥司法权的引导作用，构建完善的调解机制。要充分发挥司法权的引导作用，引导当事人在立案前选择非诉讼调解机构；立案后，可以根据案件不同阶段、不同情况，适当邀请或者委托非诉讼调解机构进行调解。这样既可以促进案件解决渠道的合理分流，又可以借助非诉讼调解解决纠纷，减轻法院办案压力。

人民法院应在知识产权纠纷诉讼与调解衔接的全过程中发挥主导作用。具体包括："诉前调解法院保护"，即当事人向救助中心投诉、由救助中心主持、调解协议的和解，人民法院可以根据当事人的申请，以书面形式确认协议的效力；"审前调解法院指导"，即在立案阶段，当事人已被带到法院起诉，经当事人同意，由法院指导当事人到调解机构。当事人可以获得协助；"审中调解法院委托"，即在案件审理过程中，法院在征得各方当事人同意后，出具委托调解书，将案件移送特定机构，并在规定期限内结案。

---

① 周晓冰，樊晓东.专利行政执法与司法程序的衔接[J].人民司法，2010(15)：44-49.
② 唐力，毋爱斌.法院附设诉前调解的实践与模式选择——司法 ADR 在中国的兴起[J].学海，2012(4)：115-123.

(三)知识产权纠纷诉调对接的工作平台建设

要加强制度设计,构建具有多主体参与特征的诉调对接机制,实现诉讼内外纠纷解决机制的协调与良性对接。根据知识产权案件特点,着力构建司法机关与知识产权行政执法部门、维权援助公共服务机构、行业协会的合作机制,建立法院、市场监管、公安、版权、维权援助中心、行业协会共同参与的立体保护网络。要加强调解员之间的横向协调,构建联席会议制度,促进衔接机制的顺利实施。通过联席会议,制定全区诉讼与非诉讼矛盾衔接工作方案,促进衔接工作持续健康发展;研究衔接工作中遇到的问题和困难,共同探讨对策;分析调查各类矛盾对区域内的焦点和群体性纠纷,向有关部门提出防范措施的建议;共同起草发布衔接工作指导意见。①

知识产权纠纷往往比较复杂,专业技术性较强。因此,需要有技术背景的专家参与此类法律纠纷的解决。对于争议双方来说,最好允许他们自由选择有技术背景的专家作为认定事实的中立性权威,最好是作为纠纷的裁决者,这对于当事各方才是比较容易接受的。② 知识产权纠纷的高科技含量也是采用替代性纠纷解决方式的一个驱动因素。因为纠纷双方都需要花费大量的时间、精力和金钱,让法官或陪审员熟悉纠纷涉及的专业技术背景,而经验丰富的仲裁员则不需要太多背景技术解释。此外,作为裁决者,选定的技术专家可以更深入地了解当事人的地位、纠纷涉及的对象和纠纷的技术特点。不同技术背景的专家将在解决知识产权纠纷的过程中发挥更好的作用。此外,如果调解员熟悉相关法律、技术和行业发展现状,那么就可以帮助双方找到纠纷的最佳解决方案,并帮助双方达成特别许可协议或组建技术联盟。

(四)知识产权纠纷调解协议的司法审查确认标准

为保证正确审查调解协议,应明确司法审查的适用条件、程序和标准。首先,要明确申请司法确认的条件。申请司法确认应当符合下列形式要件:非诉讼调解部门达成的协议具有明确的权利义务关系;司法确认必须由双方

---

① 广东省高级人民法院课题组,谭玲.关于完善诉讼与非诉讼矛盾处理衔接机制的调研报告[J].法律适用,2010(8):47-52.

② Center for Public Resources. Expert Jurors Spur Accord at High-tech Private Trial[J]. Alternatives to the High Cost of Litigation,1987,5(12):193-208.

同时做出或者一方提出申请，另一方同意，申请确认的有关内容属于人民法院的业务范围；不属于申请特别程序案件、监督程序和公示程序。其次，明确司法确认的审查程序。作为申请司法确认调解协议的案件，一般来说，事实相对清楚，权利义务关系比较明确，因此适用简易程序的规定是合适的。最后，规范司法确认的审查标准。除最高法院《衔接意见》第二十四条规定的情形外，还必须进一步审查以下内容：当事人具有相应的民事行为能力，参与调解的代理人必须具有相应的代理权限，调解协议不违反当事人的真实意思表示，调解协议中的权利义务在当事人的处分范围内，不存在法律对违法行为的掩盖目的，且调解协议的内容是可执行的。

第三节　完善服务协同创新的知识产权维权援助机制

一、明确服务协同创新的知识产权维权援助机制建设目标

在协同创新模式中，参与企业众多，往往采用集群式发展模式。随着大数据、云计算、智能化等新技术的引入，运营模式不断创新。但是，我们也应该看到，协同创新是相对开放的。在创新活力较强的同时，也存在技术创新成本高的劣势。协同创新的直接外在表现是知识产权侵权的形式和方式也呈现出新的形式和多样性，这就导致了知识产权保护的困难和高昂的成本，迫切需要政府给予充分的引导和支持，为协同创新的产权保护提供充分保障。

确立知识产权维权援助机制建设对协同创新来讲，是一项重要任务。建立以公共服务机构为主体、下属知识产权管理部门为支撑、部门合作、区域互动的知识产权维权援助体系，提高知识产权执法效率，为知识产权权利人和社会各界维护和监督其权利提供便利条件。为协同创新服务的知识产权维权援助机构应当受理涉及侵犯著作权、专利权、商标权、集成电路布图设计、商业秘密等侵犯知识产权行为的举报和投诉。知识产权维权援助机制与中国整个知识产权环境的发展相辅相成。我国知识产权维权援助工作开展十

多年,取得了应有的成效。但客观地说,我国知识产权维权援助机制还不能适应经济社会发展的需要。

知识产权维权援助机制建设的长期目标可以确定为:通过深入开展知识产权维权援助工作,完善我国知识产权维权援助体系,努力实现知识产权维权援助网络遍布全国重点高校和规模以上企业,使中国企事业单位能够更好地创造、利用、保护和管理知识产权,一大批知识产权工作达到国际领先水平的优秀创新型企业,有力地支持了创新型国家建设。中国知识产权维权援助机制建设的短期目标可以确定为:在完善知识产权保护援助机构建设的基础上,进一步落实知识产权保护援助工作,构建知识产权保护援助体系,提高知识产权意识和热爱创新、尊重创新成果的社会氛围。加快中国知识产权维权援助协调中心建设,扩大联络点范围,服务更多权利人,使权利人更方便地与知识产权维权援助机构联系,更快地获得援助服务。

建设服务协同创新的知识产权维权援助工作体系的重点包括:

(1)围绕发展具有协同创新综合体特征的知识产权,加强各级维权援助机构建设,逐步构建省、市、县、园区四级知识产权维权援助网络。

(2)进一步理顺各机构之间的关系,完善管理、考核和工作机制,形成有机高效的维权援助网络。在合理构建维权援助网络结构的基础上,根据协同创新组织的产业特点、经济实力和部门职责,合理确定各类维权援助机构的职能,提供公共知识产权服务。

(3)进一步拓展维权援助服务内容,开展侵权认定、专利警示等服务,突出对协同创新知识产权纠纷的先行援助。在现有咨询服务的基础上,针对协同创新组织,开展知识产权侵权认定、诉调对接等基层执法部门急需的业务培训和服务,将知识产权维权援助服务的客体范围扩大到各类知识产权。

(4)针对协同创新涉外因素较多的特点,应成立海外知识产权维权援助分支机构。支持境外知识产权维权援助,开展知识产权境外保护指导培训,建立境外保护援助工作机制。

(5)探索建立维权援助机构服务协同创新的长效合作机制。根据协同创新产业集群发展和企业维权援助需求,建立重点联系行业(协会)和企业,通过调查访问、定期沟通交流、搭建网络平台,将知识产权维权援助工作由事后服务转变为全过程服务。

(6)构建协同创新产业集群知识产权信息共享网络服务平台,服务于维权帮扶工作。整合知识产权信息和资源数据库,构建知识产权信息和资源共享的综合网络化平台,为维权援助机构提供的企业服务提供预警、分析和检索开辟"绿色通道",实现了案件移交、受理反馈、统计、讨论等功能。

二、选择适用于协同创新环境的知识产权维权援助模式

当前,我国承担知识产权保护职能的行政执法部门经过调整,已经大部分归在各级市场监管部门之下,但是仍不能包含所有知识产权,例如涉及进出口贸易的知识产权保护与国内市场知识产权执法仍然不是由一个部门统一执行。再加上一直以来知识产权行政执法部门权力分散,不同处室之间的沟通协调程序仍然是比较烦琐的。目前,由知识产权行政部门牵头的知识产权维权援助中心是我国分布最广、影响最大的知识产权维权援助模式。对于协同创新这一新型的产业发展方式能否在知识产权方面进行周全保护,不无疑问。

从政策依据方面来看,目前只有国家知识产权局 2007 年发布的《指导意见》是国家层面上涉及知识产权保护和援助的规范性文件。这些规范性文件的立法水平比较低,甚至不能算是立法。由于缺乏统一、具有约束力的规范性文件,势必导致知识产权维权援助实践中缺乏规章制度。因此,为了规范和进一步完善我国知识产权维权援助工作,应当制定统一的、更高层次的规范性文件。制定立法层次更高的统一规范性文件,可以参照《法律援助条例》制定《知识产权保护和援助条例》,也可以借鉴许多地方的成功试点经验,建议国家知识产权局和司法部制定知识产权保护法,确保知识产权法律援助活动的合法化和规范化。

与诉讼、仲裁相比,调解承担了大部分的纠纷解决任务。目前,调解仍然是解决知识产权纠纷的主导力量。这种非诉讼模式具有方便、经济、节约司法资源的优点。更重要的是,能够达成协议,满足双方的需求和利益,实现双赢。司法调解和民间调解都能够解决协同创新知识产权纠纷中发挥重要作用。应尽快完善两项制度的协调融合。同时,也应加强海外知识产权保护工作力度,建立案例跟踪研究和重大案件通报制度,为企业"走出去"提供信息参考。①

---

① 齐明媛.中美经贸摩擦背景下"走出去"企业海外知识产权维权策略浅析[J].中国发明与专利,2020,17(8):11-15.

我国虽然有民间知识产权维权援助机构,但知识产权社会公益服务组织的发展还不成熟。目前,我国知识产权维权援助工作主要由地方知识产权维权援助中心牵头。为了充分发挥专利信息在国民经济和科技活动中的作用,更好地服务于地方经济、科技和文化的发展,知识产权维权援助服务机构应逐步发展专利基于自身条件的信息服务。建立健全知识产权公共信息服务平台和专利信息培训,不仅促进市场交易的有序、正常进行,而且能够营造重视知识产权的氛围。

三、完善覆盖协同创新全过程的知识产权维权援助服务网络

知识产权保护在协同创新技术研发过程中的作用,已从防御性手段转变成战略性工具,显著影响着协同创新各类参与主体的合作模式选择。设计有效保障协同创新的知识产权维权援助标准规范,改善知识产权维权机制,提高知识产权保护和运用能力,是实施知识产权公共政策应有之义。[①] 要提高协同创新知识产权发展水平,必须改变分散保护的状态,努力实现对知识产权创造、应用、实施、管理、市场化、侵权防免等全过程的保护,而不仅仅限于事后援助。

随着科学技术、网络和新媒体的普及,知识产权保护组织开始建立服务网络并逐步普及。服务网点的设置也将根据实际情况灵活多样,为公众和企业自主创新、加快发展提供重要支撑和保障平台。应进一步加强面向协同创新的知识产权公共服务平台建设,扩大平台维权援助的服务范围,建立集知识产权检索、统计分析、信息咨询、预警服务、专利信息管理、维权援助为一体的开放式知识产权公共服务平台,推动维权援助服务向系统化、信息化、多元化、多功能方向拓展,为参与协同创新价值型服务的企业提供新的知识产权技术支持和增长,为参与协同创新的企业提供新专利技术支持和增值服务,以及为政府部门和行业组织提供行业或行业专利分析和预警咨询功能,实现知识产权服务网络功能和内容的全覆盖。

---

① 潘灿君.驱动创新发展战略背景下的我国知识产权维权援助机制研究[J].行政与法,2017(12):28-37.

四、健全协同创新组织内部知识产权管理标准规范的建议

协同创新的组织形式越来越趋于多样化,如企业多、产业发展群体多、电子商务和技术市场发展迅速、创业积极性高、交易方式不断创新、经济对外开放程度高等,这一系列因素均为经济发展注入了新的活力。但同时也存在着技术创新成本高、侵犯知识产权的形式和方式多种多样等问题。由于维权难度大、成本高,完善企业内部知识产权管理体系迫在眉睫。完善协同创新知识产权维权援助制度,不是仅仅依靠外部保障设施及措施完备就可以完成任务了的。协同创新组织内部知识产权管理的规范化(或者说标准化),是绕不开的机制建设要素。[①] 协同创新组织内部知识产权管理标准规范与外部高位阶的法律政策类社会规范不同,其更加细化,总体上包含了著作权、专利权、商标权及其他类型知识产权等一般性管理机制和相应细化的工作规范、技术规范和操作规范。协同创新组织内部知识产权管理标准规范的主要功能是帮助协同创新组织建构适应其发展需要的决策机构、执行机构和工作模式,有效进行知识产权的获取续展、交易许可、磋商谈判、联合行动等一系列事务。客观来讲,建立知识产权管理制度是市场竞争的倒逼的结果,其中最关键且最具有操作性的,还是协同创新组织成员之间的知识产权维权互助。知识产权受理标准要能够帮助协同创新参与主体进一步理顺组织内部成员之间的关系,完善管理、考核和工作机制,根据行业特点,准确定位知识产权维权援助组织模块的功能定位、合理标定各类维权救助组织的职能。同时,第三方服务机构要依托知识产权管理标准,配合协同创新组织,建立维权援助机构服务协同创新集体组织的长效合作机制,根据协同创新组织发展和创新成果知识产权维权的特殊需要,将知识产权维权援助由事发后提供服务转变为前置性介入。

---

① 李伟,董玉鹏.协同创新知识产权管理机制建设研究——基于知识溢出的视角[J].技术经济与管理研究,2015(8):31-35.

参考文献

中文文献

[1]安俊衡,唐雄,2019.自贸区企业知识产权风险防控路径探究[J].广西质量监督导报,(9):243.

[2]鲍红,2010.知识产权与转变经济发展方式论坛论文集[M].北京:华夏出版社.

[3]鲍宗客,施玉洁,钟章奇,2020.国家知识产权战略与创新激励——"保护创新"还是"伤害创新"?[J].科学学研究,38(5):843-851.

[4]陈劲,2012.协同创新[M].杭州:浙江大学出版社.

[5]陈劲,郑刚,2013.创新管理:赢得持续竞争优势[M].北京:北京大学出版社.

[6]陈强,王艳艳,2011.KIBS创新集群发展的动力机制研究[J].科技管理研究,(19):1-4.

[7]陈伟,康鑫,冯志军等,2011.基于群组决策特征根法的高技术企业知识产权开发评价指标识别[J].科技进步与对策,28(11):116-119.

[8]陈武,2006.行业协会在实施知识产权战略中的作用[J].电子知识产权,(5):35-37.

[9]陈越,2015.我国知识产权行政执法模式新探——兼论《专利法修改草案》在专利行政执法方面的修改[J].当代经济,(16):6-10.

[10]程春雨.2020年全国网上零售额117601亿,你都网购过啥?[EB/OL].(2021-01-18)[2021-05-01].http://www.chinanews.com/cj/2021/01-18/9389866.shtml.

[11]邸晓燕,赵捷,张杰军,2011.科技成果转让收益分享中的政策改进[J].科学学研究,(9):1318-1322.

[12]董健康,韩雁,梁志星,2013.协同创新系统中各类主体的角色及定位[J].中国高校科技,(6):52-54.

[13]董静,苟燕楠,吴晓薇,2008.我国产学研合作创新中的知识产权障碍——基于企业视角的实证研究[J].科学学与科学技术管理,29(7):20-25.

[14]董玉鹏,包逸萍,2013.专利信息服务标准规范体系构建研究[J].中国科技论坛,(9):97-101.

[15]董玉鹏,2018.基于协同创新的高技术产业知识产权联盟组织与行为模式研究[J].人大法律评论,(2):260-274.

[16]杜宏巍,2020.我国知识产权战略面临的挑战与对策[J].宏观经济管理,(3):61-66,79.

[17]冯惠玲,赵国俊,钱明辉,2017.中国信息资源产业发展与政策[M].北京:中国人民大学出版社.

[18]冯晓青,2011.国家产业技术政策、技术创新体系与产业技术创新战略联盟——兼论知识产权战略的作用机制[J].当代经济管理,33(8):19-26.

[19]冯晓青,2013.产学研一体化技术创新体系的作用机制及其实现研究[J].福建论坛(人文社会科学版),(8):24-30.

[20]傅家骥,1998.技术创新学[M].北京:清华大学出版社.

[21]高功步,焦春凤,2015.电子商务[M].北京:人民邮电出版社.

[22]广东省高级人民法院课题组,谭玲,2010.关于完善诉讼与非诉讼矛盾处理衔接机制的调研报告[J].法律适用,(8):47-52.

[23]郭永辉,郭会梅,2011.设计链协同创新与知识产权的矛盾探析[J].科技进步与对策,28(5):26-29.

[24]韩晓东,王文兰,刘岩峰,2011.生物医药产业专利技术融入标准现状分析与对策研究[J].标准科学,(2):32-35.

[25]韩玉雄,李怀祖,2005.关于中国知识产权保护水平的定量分析[J].科学学研究,23(3):377-382.

[26]何兵,2003.现代社会的纠纷解决[M].北京:法律出版社.

[27]洪闯,李贺,彭丽徽等,2018.基于链接分析的企业开放式创新平台网络影响力评价研究[J].情报理论与实践,41(12):104-109.

[28]洪少枝,尤建新,2011.高新技术企业知识产权战略评价研究:一个综述

[J].价值工程,30(16):1-3.

[29]洪群联,2011.我国知识产权服务体系发展现状与战略思路[J].经济纵横,(11):44-49.

[30]洪雨,2019.对互联网环境下传统经济与电子商务结合的思考[J].电子商务,(2):15-16.

[31]胡冬雪,陈强,2013.促进我国产学研合作的法律对策研究[J].中国软科学,(2):154-174.

[32]胡赪,宋昱君,2012.论诉调对接的法理基础与价值诉求[J].湖南工业大学学报(社会科学版),17(2):72-75.

[33]黄晓斌,陈俊恬,张小庆,2015.我国科技情报网络服务的现状与创新——基于科技情报机构网站的调查分析[J].情报理论与实践,38(11):1-5.

[34]贾明江,2005.集群企业创新动机分析[J].哈尔滨工业大学学报,(8):1080-1082.

[35]江必新,王红霞,2014.社会治理的法治依赖及法治的回应[J].法制与社会发展,20(4):28-39.

[36]姜林希,叶敏,2019.电子商务领域知识产权行政执法机制完善之建议[J].行政与法,(6):78-88.

[37]蒋玉宏,单晓光,2009.区域知识产权发展和保护绩效评价——指标体系与评价方法[J].科技进步与对策,26(22):144-146.

[38]金国娟,2012.增强实体经济吸引力[J].今日浙江,(1):14-15.

[39]孔祥俊,2005.论解决知识产权权利冲突的民事司法与行政程序之界分[J].河南社会科学,(6):9-14.

[40]李翠娟,2007.基于知识视角的企业合作创新[M].上海:上海三联书店.

[41]李朝明,2018.基于协同创新的企业知识产权合作[M].北京:经济科学出版社.

[42]李程,2016.构建以专利为核心的科技大数据平台以促进创新的设想[J].中国新技术新产品,(13):28-30.

[43]李春晖,2018.我国知识产权行政执法体制机制建设及其改革[J].西北大学学报(哲学社会科学版),48(5):64-74.

[44]李大平,曾德明,2006.高新技术产业技术标准联盟治理结构和治理机制

研究[J]. 科技管理研究,(10):78-80.
[45]李恒,2010. 产学研结合创新中的知识产权归属制度研究[J]. 中国科技论坛,(4):53-59.
[46]李骏阳,2006. 电子商务环境下市场与企业关系的演变[J]. 上海大学学报(社会科学版),(5):124-129.
[47]李逵,2009. 技术标准联盟的相关机制及中国应对技术标准化的策略[C]//张乃根,陈乃蔚,主编. 技术转移、后续研发与专利纠纷解决. 上海:上海交通大学出版社.
[48]李明星,2009. 以市场为导向的专利与标准协同发展研究[J]. 科学学与科学技术管理,30(10):43-47.
[49]李培林,2010. 论企业技术创新与知识产权保护研究[J]. 科技管理研究,(6):194-196,223.
[50]李庆满,2011. 辽宁产业集群构建技术标准联盟问题研究[J]. 标准科学,(6):16-21.
[51]李瑞,杨波,2016. 知识产权质押融资:广东模式、经验与思考[J]. 时代金融,(30):55-57,64.
[52]李杉杉,高莹莹,鲍志彦,2018. 面向协同创新的知识产权服务联盟研究[J]. 图书馆工作与研究,(3):41-46.
[53]李姗姗,2019. 企业专利信息利用工作研究[J]. 河南科技,(27):18-22.
[54]李薇,2012. 中国制度环境下的技术标准战略及其联盟机制[J]. 华东经济管理,26(10):111-116.
[55]李伟,2011. 基于企业能力理论的专利能力影响因素及培育研究[M]. 杭州:浙江大学出版社.
[56]李伟,董玉鹏,2015. 协同创新知识产权管理机制建设研究——基于知识溢出的视角[J]. 技术经济与管理研究,(8):31-35.
[57]李晓西,王诺,2009. 生物医药产业与标准[J]. 标准科学,(1):22-26.
[58]李颖怡,1999. 我国高技术产业知识产权法律制度探析[J]. 中外法学,(6):3-5.
[59]李颖怡,2000. 我国高技术产业知识产权制度的法律机制[J]. 中山大学学报(社会科学版),(3):105-109.
[60]李玉璧,周永梅,2013. 协同创新战略中的知识产权共享及利益分配问题

研究[J].开发研究,(4):144-148.

[61]李正波,邱琼,2017.电子商务与新零售研究[M].北京:中国人民大学出版社.

[62]廖庆文,2021.一种知识产权服务管理系统[P].江西省:CN112381688A,2021-02-19.

[63]刘斌强,2019.价值评估与交易谈判助推知识产权运营[J].中国发明与专利,16(12):57-62,73.

[64]刘同君,储晓雷,2012.论"诉调对接机制"之正当性——基于江苏经验的思考[J].江苏大学学报(社会科学版),14(4):74-77.

[65]刘银良,2009.生物技术的知识产权保护[M].北京:知识产权出版社.

[66]刘友金,2004.集群式创新:中小企业技术创新的有效组织模式[J].经济学动态,(5):40-43.

[67]刘志成,林东升,彭勇,2017.云计算技术与应用基础[M].北京:人民邮电出版社.

[68]刘志刚,王瑶,2015.行政诉讼法律法规、司法解释与案例汇编[M].上海:复旦大学出版社.

[69]龙莉,蔡尚伟,严昭柱,2016.中国互联网文化产业政策研究(1994—2015)[M].成都:四川大学出版社.

[70]楼煜华,2004.TRIPS协议下对中国知识产权保护的法学思考[J].浙江大学学报(人文社会科学版)(1):47.

[71]卢世刚,1996.决定知识产权收益的几个原则[J].知识产权,(4):6-7.

[72]罗玉中,易继明,2000.论我国高技术产业中的知识产权问题[J].中国法学,(5):74-85.

[73]马磊,2011.新能源联盟主攻电动汽车[J].中国标准化,(6):19-20.

[74]马仁钊,翟运开,2007.虚拟企业创新平台的运行模式研究[J].科技管理研究,(12):39-41.

[75]马希良,2008.从统计数据看中国知识产权保护的成效与差距[J].统计与信息论坛,(2):87-90.

[76]马忠法,2009.专利联盟及其专利许可政策[J].企业科技与发展,(7):40-45.

[77]毛金生,2010.企业知识产权战略指南[M].知识产权出版社.

[78]孟祥娟,石宾,2007.论产学研联盟相关的知识产权问题[J].中国社会科学院研究生院学报,(2):104-109.

[79]倪静,2010.论知识产权争议 ADR 的功能、价值及模式[J].重庆理工大学学报(社会科学),24(9):29-33.

[80]潘灿君,2017.驱动创新发展战略背景下的我国知识产权维权援助机制研究[J].行政与法,(12):28-37.

[81]裴宏,赵建国,2015.高通构成垄断被罚 60.88 亿元[N].中国知识产权报,2-11(6).

[82]皮天雷,2010.经济转型中的法治水平、政府行为与地区金融发展——来自中国的新证据[J].经济评论,(1):36-49.

[83]彭纪生,2000.中国技术协同创新论[M].北京:中国经济出版社.

[84]齐明媛,2020.中美经贸摩擦背景下"走出去"企业海外知识产权维权策略浅析[J].中国发明与专利,17(8):11-15.

[85]祁红梅,王森,樊琦,2015.知识产权风险与创新联盟形成绩效:快速信任的调节作用[J].科研管理,36(1):135-142.

[86]秦立崴,秦成德等,2016.电子商务法[M].重庆:重庆大学出版社.

[87]任声策,陆铭,尤建新,2010.专利联盟与创新之关系的实证分析[J].研究与发展管理,(4):50-54

[88]任燕,2011.论驰名商标淡化与反淡化措施——再谈我国驰名商标的立法保护完善[J].河北法学,(9):21-24.

[89]单莹洁,2009.供应链节点企业合作创新的囚徒困境分析[J].技术经济与管理研究,(5):12.

[90]单智勇,郭志群,2010.电子商务安全与管理[M].北京:中国人民大学出版社.

[91]申长雨,2017.全面开启知识产权强国建设新征程[J].知识产权,(10):3-21.

[92]申轶男,李岭,李宪振,2017.基于多主体协同创新的科技成果转化模式研究[J].科技与创新,(19):22-25.

[93]苏志甫,2017."企业名称"反不正当竞争法保护的分歧、反思及建议——基于若干不正当竞争司法判例的实证研究[J].竞争政策研究,(3):43-54.

[94]孙中一,1989.耗散结构论·协同论·突变论[M].北京:中国经济出版社.

[95]斯亚奇,陈劲,王鹏飞,2011.基于知识产权外部商用化的知识收入研究[J].技术经济,30(2):1-7.

[96]台新民,2011.我国专利信息服务业发展现状与对策研究[J].生产力研究,(5):139-141.

[97]汤维建,2009.中国调解制度的现代化转型[N].检察日报,2009-07-20(03).

[98]陶忠元,王艳秀,2019.技术创新与标准化协同对中国制造业竞争优势的驱动路径研究[J].南京财经大学学报,(5):11-22.

[99]唐力,毋爱斌,2012.法院附设诉前调解的实践与模式选择——司法ADR在中国的兴起[J].学海,(4):115-123.

[100]王炳富,刘芳,2018.产业技术创新战略联盟网络能力与治理绩效案例研究[J].社科纵横,33(12):47-52.

[101]王德禄,2007.联盟为纽 探索产业自主创新道路[J].深交所,(6):41-43.

[102]王昊,谷俊,苏新宁,2013.本体驱动的知识管理系统模型及其应用研究[J].中国图书馆学报,39(2):98-110.

[103]王缉慈,2003.创新的空间——企业集群与区域发展[M].北京:北京大学出版社.

[104]王加莹,2014.专利布局和标准运营[M].北京:知识产权出版社.

[105]王金杰,郭树龙,张龙鹏,2018.互联网对企业创新绩效的影响及其机制研究——基于开放式创新的解释[J].南开经济研究,(6):170-190.

[106]王晋刚,2017.专利疯创新狂——美国专利大运营[M].北京:知识产权出版社.

[107]王京,高长元,2013.软件产业虚拟集群三螺旋创新机理及模式研究[J].自然辩证法研究,(5):68-75.

[108]王黎萤,陈劲,杨幽红,2004.技术标准战略、知识产权战略与技术创新协同发展关系研究[J].中国软科学,(12):24-27.

[109]王璐瑶,鄢小燕,2006.中国网络化专利信息的发展现状及趋势研究[J].图书情报工作,(6):76-78.

[110]王明浩,2010.我国首个知识产权一站式服务平台启用[N].人民日报,8-18(6).

[111]王胜利,2009.专利池及构建策略研究[J].改革与战略,(2):120-123

[112]王天祥,樊勇,2020.基于 Hansen 门槛模型的企业内部专利管理对协同创新的影响分析[J].昆明理工大学学报(社会科学版),20(1):78-85.

[113]王卫东,2016.产业集群网络结构风险预警研究[M].北京:中国人民大学出版社:257.

[114]王燕玲,2009.基于专利分析的行业技术创新研究:分析框架[J].科学学研究,27(4):622-628.

[115]王永贵,2020.知识产权保护影响企业绩效的机理和边界——对市场环境和营销导向调节效应的实证分析[J].深圳大学学报(人文社会科学版),37(1):69-77.

[116]王子龙,谭清美,许箫迪,2006.策略联盟及其协同创新模型研究[J].管理评论,(3):59-62,53,64.

[117]魏庆华,徐宇发,陈宇萍,2009.拓展职能提升服务——建设广东省知识产权综合服务平台[J].中国发明与专利,(6):8-11.

[118]吴汉东,2007.中国知识产权蓝皮书 2005—2006[M].北京:北京大学出版社.

[119]吴汉东,2014.知识产权中国化应用研究[M].中国人民大学出版社.

[120]吴汉东,2019.知识产权应用问题研究[M].北京:中国人民大学出版社.

[121]吴林海,2005.我国未来技术标准发展战略研究——基于跨国公司标准与专利的融合[J].中国人民大学学报,(4):105-110.

[122]吴绍波,顾新,2014.战略性新兴产业创新生态系统协同创新的治理模式选择研究[J].研究与发展管理,26(1):13-21.

[123]吴正刚,2012.知识产权网络关系治理研究[J].科技进步与对策,(19):107-110.

[124]夏恩君,朱怀佳,张明等,2014.开放式创新社区网络的关键变量测度研究[J].北京理工大学学报(社会科学版),16(3):43-50.

[125]晓梦,2004.多层次、有重点地实施知识产权发展战略[J].江苏科技信息,(2):34-37.

[126]徐河杭,顾新建,祁国宁等,2009.企业协同专利分析平台[J].浙江大学

学报(工学版),43(10):1853-1857.

[127]徐明华,陈锦其,2009.专利联盟理论及其对我国企业专利战略的启示[J].科研管理,30(4):162-167,183.

[128]徐元,2010.全球化下专利与技术标准相结合的趋势与问题解决途径[J].产经评论,(6):109-118.

[129]徐绪堪,蒋勋,苏新宁,2013.面向知识服务的知识组织框架体系构建[J].情报学报,32(12):1278-1287.

[130]许春明,单晓光,2008.中国知识产权保护强度指标体系的构建及验证[J].科学学研究,(4):715-723.

[131]宣晓冬,2010.挪威发展生物医药的成功经验[J].全球科技经济瞭望,(9):64-67.

[132]严炜炜,2014.产业集群创新发展中的跨系统信息服务融合[D].武汉大学.

[133]杨晨,2008.用知识产权管理赢得竞争优势知识产权管理理论[M].北京:科学出版社.

[134]杨辉,2011.技术标准与知识产权的协调发展探析[J].印刷质量与标准化,(10):51-56.

[135]杨皎平,纪成君,吴春雷,2009.产权保护下的集群创新与知识溢出研究[J].软科学,(10):78-82.

[136]尹航,2011.新能源标准与知识产权联盟在深圳成立[J].能源研究与信息,27(2):94.

[137]于超,朱瑾,2018.协同进化的实现:从知识共享、资源拼凑到社群新稳态——基于五大在线社群的经验分析[J].中国科技论坛,(7):124-135.

[138]喻晓马,程宇宁,喻卫东,2016.互联网生态:重构商业规则[M].北京:中国人民大学出版社.

[139]袁曦临,2011.信息检索[M].南京:东南大学出版社.

[140]袁晓东,孟奇勋,2010.开放式创新条件下的专利集中战略研究[J].科研管理,(5):157-163.

[141]曾德明,朱丹,彭盾等,2007.技术标准联盟成员的谈判与联盟治理结构研究[J].中国软科学,(3):16-21.

[142]张聪群,2005.集群创新:优势与知识溢出所产生的双重影响[J].宁波

大学学报(人文科学版),(5):32-36.

[143]张浩然,2019.竞争视野下中国药品专利链接制度的继受与调适[J].知识产权,(4):50-70.

[144]张利飞,曾德明,李大平,等,2007.技术标准联盟治理的本质分析[J].科学学研究,(4):687-690.

[145]张丽娜,谭章禄,2013.协同创新与知识产权的冲突分析[J].科技管理研究,33(6):163-166.

[146]张清奎,2008.医药及生物技术领域知识产权战略实务[M].北京:知识产权出版社.

[147]张仁开,2012."十二五"时期推进长三角区域创新体系建设的思考[J].科学发展,(9):50-59.

[148]张武军,翟艳红,2012.协同创新中的知识产权保护问题研究[J].科技进步与对策,29(22):132-133.

[149]张武军,张唯玮,郭宁宁,2019.标准必要专利权人滥用市场支配地位的反垄断问题研究——以高通案为例[J].科技进步与对策,36(7):131-137.

[150]张兆锋,2018.基于知识图谱的技术功效图自动构建及其应用研究[D].南京大学.

[151]张昭庆,闫博慧,2007.我国知识产权保护方式探究——联盟保护[J].石河子大学学报,(10):40-42.

[152]章丽娜,谭章禄,2013.协同创新与知识产权的冲突分析[J].科技管理研究,(6):163-165.

[153]章进,赵美珍,2008.产学研合作中知识产权的冲突及化解对策[J].常州大学学报(社会科学版),9(4):21-24.

[154]赵莉,单晓光,2007.产学研中知识产权利益分配问题研究[J].电子知识产权,(1):18-21.

[155]赵中建,王志强,2013.欧洲国家创新政策热点问题研究[M].上海:华东师范大学出版社.

[156]郑成思,1986.信息、新型技术与知识产权[M].北京:中国人民大学出版社.

[157]郑成思,1997.知识产权法[M].北京:法律出版社.

[158]中国国家知识产权局,2021.《二〇二〇年中国知识产权保护状况》白皮书[R].http://www.gov.cn/xinwen/2021-04/25/content_5602104.htm.

[159]中国经济改革与发展研究院,2016.中国经济改革与发展研究报告[M].北京:中国人民大学出版社.

[160]中国知识产权司法保护年鉴编辑委员会,2014.中国知识产权司法保护年鉴2013年[M].北京:法律出版社.

[161]中山信弘,张玉瑞,1997.多媒体与著作权[J].电子知识产权,(9):22-26.

[162]钟灿涛,2012.面向协同创新的大学知识产权管理[J].科技进步与对策,(22):133-137.

[163]钟佳桂,2006.中美知识产权保护强度测度与比较[J].法学杂志,(3):134-135.

[164]钟荣丙,2008.国家创新体系的系统构成及建设重心[J].系统科学学报,(3):59-64.

[165]周大正,2018.知识产权服务园助力优化营商环境[N].温州日报,9-27(4).

[166]周和玉,王华伟,郏林等,2013.面向知识创新的知识关联系统研究[J].情报理论与实践,36(10):66-68.

[167]周辉,2012.基于专利联盟的企业专利战略研究[J].科技情报开发与经济,22(9):85-87.

[168]周寄中,张黎,汤超颖,2006.知识产权与技术创新:联动与效应分析[J].研究与发展管理,(5):106-112.

[169]周曙东,2015.电子商务概论[M].南京:东南大学出版社.

[170]周晓冰,樊晓东,2010.专利行政执法与司法程序的衔接[J].人民司法,(15):44-49.

[171]邹晓锋,阳王东,容学成等,2020.面向大数据处理的数据流编程模型和工具综述[J].大数据,6(3):59-72.

[172]朱雪忠,黄静,2004.试论我国知识产权行政管理机构的一体化设置[J].科技与法律,(3):82-85.

[173]朱雪忠,乔永忠,万小丽,2009.基于维持时间的发明专利质量实证研究——以中国国家知识产权局1994年授权的发明专利为例[J].管理世界,(1):174-175.

外文文献

[174]Andewelt R B, 1984. Analysis of Patent Pools under the Antitrust Laws [J]. Antitrust Law Journal,53(3):611-614.

[175]Anway S,2003. Mediation in Copyright Disputes: From Compromise Created Incentives to Incentive Created Compromises[J]. Ohio State Journal on Dispute Resolution,18:441-444.

[176]Arrow K J, 1962. Economic Welfare and the Allocation of Resources for Innovation[M]//The Rate and Direction of Inventive Activity: Economic and Social Factors. New York: National Bureau of Economic Research Inc. ,609-625.

[177]Blackman S H, Mcneill R M,1998. Alternative Dispute Resolution in Commercial Intellectual Property Disputes[J]. Am. U. L. Rev,(6).

[178]Binns R, Driscoll B, 1998. Intellectual property issues in R&D contracts[J]. Pharmaceutical Science & Technology Today, 1(3): 95-99.

[179]Boosun Hong, Su Min Kim,2019. Intellectual Property Management System[P]. Kr20190055371,2019-05-23.

[180]Center for Public Resources, 1987. Expert Jurors Spur Accord at High-tech Private Trial [J]. Alternatives to the High Cost of Litigation, 5(12):193-208.

[181]Chang C . Dimitrov M K, 2011. Piracy and the State: The Politics of Intellectual Property Rights in China[J]. Journal of Chinese Political Science,16(3):1111-1187.

[182]Chien C V, 2009. Of Trolls, Davids, Goliaths, and Kings: Narratives and Evidence in the Litigation of High-Tech Patents[J]. Social Science Electronic Publishing, (87):1573-1574.

[183]Chong J C, Lee S H, 1997. A Knowledge-Based View of Cooperative Inter-Organizational Relationships[M]//Beamish P W, Killing J P. Cooperative Strategies: North American Perspectives [M]. San

Francisco: New Lexington Press.

[184]Cyert R M, Goodman P S, 1997. Creating effective University-industry alliances: An organizational learning perspective [J]. Organizational Dynamics,25(4):45-57.

[185]Dundon E, 2002. The Seeds of Innovation[J]. Seeds of Innovation - Business Book Summaries, 38(1).

[186]Dierdonck R V, Debackere K, Rappa M A, 2010. An assessment of science parks: Towards a better understanding of their role in the diffusion of technological knowledge[J]. R & D Management, 21(2): 109-124.

[187]Dyne A M, Taylor P G, Boulton Lewis G M, 2011. Information processing and the learning context: an analysis from recent perspectives in cognitive psychology[J]. British Journal of Educational Psychology, 64(3):359-372.

[188]Elleman S J, 1997. Problems in Patent Litigation: Mandatory Mediation May Provide Settlements and Solutions[J]. Ohio State Journal on Dispute Resolution,12(3):759-778.

[189]Freeman C, 1991. Networks of innovators: A Synthesis of Research Issues[J]. North-Holland,20(5).

[190]Gloor P A, 2006. Swarm Creativity: Competitive Advantage Through Collaborative Innovation Networks [M]. New York: Oxford University Press.

[191]Greenhalgh C, Rogers M, 2014. Innovation, Intellectual Property, and Economic Growth[J]. Science-Technology and Management, 6 (5):347-348.

[192]Graham S J H, Merges R P, Samuelson P, et al., 2009] High Technology Entrepreneurs and the Patent System: Results of the 2008 Berkeley Patent Survey[J]. Berkeley Technology Law Journal, 24 (4):1255-1279.

[193]Kanter R M, 1994. Utilizing Collaboration Theory to Evaluate

Strategic Alliance[J]. Long Range Planning，33：5-23.

[194]Kurt A，1999. New Information Dissemination Structures[J]. World Patent Information，21(4)：241-244.

[195]Lanjouw J O, Pakes A, 2010. Putnam J . How to Count Patents and Value Intellectual Property：Uses of Patent Renewal and Application Data[J]. Journal of Industrial Economics,(46)：405-433.

[196]Lee N，2009. Exclusion and coordination in collaborative innovation and patent law [J]. International Journal of Intellectual Property Management,3(2)：79-93.

[197]Lemley K M，2004. I'll Make Him an Offer He Can't Refuse：A Proposed Model for Alternative Dispute Resolution in Intellectual Property Disputes[J]. Akron Law Review：Vol. 37：Iss. 2,287-327.

[198]Lemos M C, Morehouse B J, 2005 The co-production of science and policy in integrated climate assessments[J]. Global Environmental Change,15(1)：57-68.

[199]Lesser W，1997. Assessing the Implications of Intellectual Property Rights on Plant and Animal Agriculture[J]. American Journal of Agricultural Economics,79(5)：1584-1591.

[200]Levang B J，2002. Evaluating the Use of Patent Pools for Biotechnology：A Refutation to the USPTO White Paper Concerning Biotechnology Patent Pools[J]. Santa Clara High Technology Law Journal，(19)：237-238.

[201]Mcgill J P, Santoro, M. D. , 2009. Alliance Portfolios and Patent Output：The Case of Biotechnology Alliances[J]. IEEE Transactions on Engineering Management，56(3)：388-401.

[202]Nelson R R, Wright G，1992. The Rise and Fall of American Technological Leadership：The Postwar Era in Historical Perspective [J]. Journal of Economic Literature，30(4)：1931-1964.

[203]Oxley J E，2004. Institutional environment and the mechanisms of governance：the impact of intellectual property protection on the

structure of inter-firm alliances[J]. Journal of Economic Behavior & Organization, 38(3):283-309.

[204]Rapp R T, Rozek R P, 1990. Benefits and costs of intellectual property protection in developing countries[J]. Journal of World Trade, 24(5):75-102.

[205]Shapiro C, 2001. Navigating the Patent Thicket: Cross Licenses, Patent Pools, and Standard Setting[A]//Jaffe A, Lerner J, Stern S. Innovation Policy and the Economy, Volume I. New York: MIT Press.

[206]Sherwood R M, 2019. Intellectual Property Protection as Infrastructure [M]. Intellectual Property and Economic Development.

[207]Simcoe T S, Graham S J H, Feldman M P, 2010. Competing on Standards? Entrepreneurship, Intellectual Property, and Platform Technologies[J]. Journal of Economics & Management Strategy,18 (3):775-816.

[208]Waag L, 2004. Factors Related to Acguiring Capital in Young Biotechnology and Biomedical Firms[C]. 13th Nordic Conference on Small Business Research.

[209]Williams T, 2005. Cooperation by Design:Structure and Cooperation in Inter-organizational Networks[J]. Journal of Business Research,58 (2):223-231.

[210]Tracey P, Clark G L, 2010. Alliances, Networks and Competitive Strategy: Rethinking Clusters of Innovation[J]. Growth & Change, 34(1):1-16.

[211]Yu P K, 2002. Toward a Nonzero-Sum Approach to Resolving Global Intellectual Property Disputes: What Can We Learn from Mediators, Business Strategists, and International Relations Theorists[J]. Social Science Electronic Publishing, 70(2):569-650.

ISBN 978-7-308-21902-0

定价：58.00元